καιρός カイロスブックス

川口葉子　山口陽一
Kawaguchi Yoko　Yamaguchi Yoichi

知られなかった信仰者たち

耶蘇基督之新約教会への弾圧と寺尾喜七「尋問調書」

いのちのことば社

序　森勝四郎とその弟子たち

東京基督教大学学長　山口陽一

日本のプロテスタント教会の主流派であった日本基督教会が最盛期を迎えようとする頃、高知の安芸教会などから分かれた小さな群れがありました。自ら名乗ることをしなかった彼らは、指導者の森勝四郎にちなんで「森派」と呼ばれ、宗教団体法による宗教結社として「耶蘇《イエス》基督之新約教会」と称しました。

「吾々が一番善い事をして、しかも一番悪い結果になり、其時に平安である事が、十字架の喜である。」

身近にいた人々が記憶に留めた森勝四郎の言葉です。森の信仰は、この言葉と次の言葉によく表れています。

「十字架の救の真理が、信仰の中心である、基督の十字架の真理の意義を、はっきり認めぬものは、信者ではない。[*1]」

この群れの特徴の一つは、その信仰を書き残さなかったことで、これを知る手立てとしては、わずかに残された手紙と口伝があるだけです。そこで貴重なのが、森勝四郎亡き後の群れを信徒として支えた寺尾喜七が検挙されたときの「尋問調書」です。本書は、これまで私家版でしか知られていなかった尋問調書を校訂して紹介しようとするものです。

集団的自衛権の行使が容認され、皇室神道が日本を覆いはじめている今日にあって、戦時下の尋問調書という形で残された森派の信仰は、私たちに何を問いかけるでしょうか。川口葉子氏の論文への手引きとして、日本キリスト教史における森派について紹介します。

一　森勝四郎の信仰と「森派」の伝道

森勝四郎（一八七三〜一九二〇年）は三重県鈴鹿に生まれ、両親と死に別れて上京、日本郵船に入社し、欧州航路客船事務長を経て客船課長となりました。得意絶頂だった三十歳の頃、たまたま手にした英語聖書により回心、停泊中の神戸で洗礼を受け、栄達を捨てて伝道を志します。学歴のない英才、立身出世への決別、人を介さない回心、強靭な意思、すでに森派の原点がここにあります。

森は、明治学院神学部に入学するも、すぐにプリンストン大学に留学、二年あまり学び中退して帰国しました。高知に赴き、宣教師C・A・ローガン（Charles A. Logan）を助け、高知市の西の高岡町（現・土佐市）で伝道します。西に隣接する須崎町には、プリンストン大学同窓の溝口悦治がいました。森は、一九〇五年十月から日本基督教会安芸教会の講壇に招かれるようになり、一九〇八年に牧師招聘をめぐって森の支持者が同教会から分離。一九一二年に、森は安芸基督教講義所を設立します。翌年、森は高知市に移動し、ここを拠点に活動を広げました。

森は、一人で聖書を読み入信し、日本基督教会の系列の神学を学び、日本基督教会との関係の中で伝道を開始し、やがて独自の群れを形成しました。彼の神論や救済論に独特なところはなく終末論も極端ではありません。正統的な信仰ですが、人間の知恵や教会の伝統・職制を否定し、信仰の実践を徹底しました。教会制度には否定的ですが、初代教会に倣う共同体を形成しました。総じて信仰実践の徹底という信仰論に特徴があります。医療を拒否する信仰は灯台社（エホバの証人）に似ていますが、森派はあくまでも正統的です。教会制度に否定的なところは無教会に、この世の価値観からの分離はプリマス・ブレザレンに似ています。しかし、神学の背景から見ると、カルヴァンの精神の特異な表れとも考えられます。

森は信仰に徹し、伝道の結果は神に委ね、説教の原稿は書かず、示されたまま語りました。伝道者としての報酬は求めず、与えられるもので生活しました。この世に妥協しない安息日厳守と偶像礼拝拒否は「美濃ミッション」に似ていますが、宣教師も牧師もいない信徒運動でした。信者は信仰を貫くために自営の実業人が多く、宣伝的な伝道はせず、その親族や従業員から信仰者を生み出しました。

中核の安芸講義所では、須賀寛助・寛郎兄弟は醤油製造業、並村喜七・総七親子は製糸工場、寺尾喜七は材木商です。森は一九二〇年に高知市で召天しますが、東京に野中一魯男、名古屋に松浦栄吉、神戸に岩崎与一郎が派遣され、森派の信仰を広めました。司法省刑事局の資料には左記のようにあります。


「之が頭初の教勢は前記安芸町一円に限られたるが、逐次教線を拡大して大正八年頃には野口一魯男を主班とする東京教会、昭和三、四年頃には神戸教会、昭和五年頃には静岡、高知の各教会を派生するに至つた。更に其の後数年を経て名古屋、豊橋に迄文教会を保有するに至り、信徒概数二百名を算《さん》し頗《すこぶ》る団結鞏固《きょうこ》なる集団を形成した。」[*2]

森派は既成の教派に属さない、いわゆる「類似宗教」でした。

二　耶蘇基督之新約教会への弾圧と寺尾喜七「尋問調書」

森派は一九四〇年の宗教団体法によって「宗教結社」とされ、文部省管轄となり、「耶蘇基督之新約教会」と称しました。

森派に対しては一九三九年に内偵が入り、神社を参拝せず、戦死者の遺骨を出迎えず、四大節拝賀式に子女を出席させず、国旗を掲揚せず、医療を受けないと報告されています。そして、一九四一年五月十五日の治安維持法改悪により弾圧が始まります。八月に一人の信徒が検挙され、九月十二日に一斉検挙が行われ、追加検挙を合わせると合計四十三名が検挙されました。*3 安芸の関係者で最後まで留置され、高知地方裁判所において神宮冒瀆罪で有罪（執行猶予）となったのは、須賀寛助、寺尾喜七、松浦卯太郎（米穀商）、森己之助（製材工場管理人）、川嶋博耕（製材職工）、並村総七、安藤賢三です。

森勝四郎が「私は寺尾喜七君一人を導き得た事で満足である」と語ったという寺尾喜七（一八七七〜一九四五年）は日露戦争で左目を失明、森勝四郎により入信し、一九〇九年に受洗しました。森の召天後、寺尾は材木業の収入で各地の「森派」を支えます。寺尾は信用される人で悪をせず、争わず人の世話をし、家業にいそしみ税金を正しく完納し、キリストの名のゆえに迫害を受けました。「商売は正しく儲けて、神様の為に用いるものと云っていた寺尾は、自己の職業より得た金は、すべて献金と貧しい信者への援けとなり、自身は常に素寒貧の最低の生活をしていた」*4そうです。

巻末に収録している寺尾喜七の「尋問調書」は、一九四一年十一月二十六日と三十日に高知警察署において行われた第二回と第三回のものです。ここでは彼がローマ人への手紙一三章を引用して理路整然と説明するところを見ておきたいと思います。寺尾は「帝国の統治権の総攬《そうらん》者は如何に」と問われ、以下のように答えています。

神武天皇以来歴代の天皇の統治は、神の御聖旨に反する表面上の権力的統治であって、人間（霊肉）の統治権総攬《そうらん》者は天皇陛下では無く、最高絶対の私共の信ずる「イエス」の神であります。ロマ書第十三章一節以下に「凡《すべ》ての人上にある権威に従うべし。そは神によらぬ権威なく、あらゆる権威は、神によりて立てらる。此の故に権威に逆らう者は、神の定めに悖《もと》るなり」と。又録して「汝等主の為に凡《すべ》て人の立てたる制度に従え。或は上にある王、或は悪を行う者を罰し、善を行う者を賞せん為に王より遣されたる司に従へ。」云々とある如く、私共は神の命に絶対に服従する為に、天皇の権力的命令並びに国家の制度に従う事を原則と致して居るのであります。然れども人間

> の霊は、世界いづれの国人も皆一様に神が支配する所であります。従って我が日本国民の精神を統治する事は、天皇陛下の統治外であります。肉体は霊の支配を受けて居る関係上、国民の意思と其の魂が支配する肉体的活動とは、切り離す事が出来ないのであって、信仰の根本問題である神を信仰するに付いて、予《ママ》〔矛〕盾をきたす様な場合は、譬《〔たと〕》えそれが天皇の権力的統治部面に属する肉体的活動の事であっても、それに服する事は聖徒として実行の出来ない事柄であります。天皇の統治は精神上の問題を徐《ママ》〔除〕外しての事でありますと共に、権力的統治と云えども神に従う為に服従するのでありますので、神の御聖旨に反して迄も、之に服従する事は出来ないのであります。天皇及びその政府が権力的命令で以って、私共の信仰を阻止する様な場合があっても、斯様な命令に服従する訳にはゆきません。

神の権威とこの世の権威の関係についての寺尾の理解は、日本基督教会のそれと変わりません。しかし、それを貫き通したところが際立っています。

> 　神の怒りの御手が下さるゝ時、人間は申すに及ばず国体も制度も、人なる天皇も、他のすべてのものと共に撃滅され、その霊は神に於いて義とせられざる限り、未信者及び

悪魔の霊と同様、永遠の苦しみを受け、天国へ行く事は出来ないと信じて居ります。

また、「天皇は神聖なりや」と問われ、次のように答えています。

我が日本では、天皇を現人神《あらひとがみ》として神格化し神聖であるとして居りますが、真実の所、天皇陛下は人間であります。人を神聖なる神として尊敬する訳にはゆかないのであります。私共信者も日本国民として、天皇陛下の統治の許で生命財産の保護を受けて居る者として敬意を表して居ります。それかと云って、人間「エバ」の子孫である天皇を唯一絶対の神と同じく、神聖にして他の何物にも侵されない至上の方であると、神格化する訳には、断じてゆかないのであります。それは再三申し上げた通り、神の支配は絶対的であり、天皇の支配は第二義的であると、確信するからであります。

寺尾のキリスト教信仰は正統的なものであり、信仰により国や天皇を尊重しています。そして同じ信仰の表明が抵抗となっているのです。高知の日本基督教会にとって、森派は極端で迷惑な存在だったでしょう。しかし、その主張は筋が通っていました。日本のプロテスタント教会が国策に従って日本基督教団を設立したとき、日本基督教会はその中心にいて皇国に適応したキリスト教に向かいました。森派の信仰は、日本基督教会をはじめとする日本のプロテスタント教会が制度的教会を守るために沈黙したところでの信仰の告白だったと言えるでしょう。

寺尾は一九四二年十二月五日、神宮冒瀆罪で懲役二年、執行猶予五年の有罪判決を受け、出獄後は自室で聖書、讃美歌、祈りの生活を送り、一九四五年九月二十四日に召天しました。それは、一人の誠実な信徒が、「吾々が一番善い事をして、しかも一番悪い結果になり、其時に平安である事が、十字架の喜である」という十字架の信仰を生きた記録であり、今日の日本社会と教会に貴重な教訓を与えています。

三　本書の研究について

森派のことは、高知の地元と関係者、研究者の間では知られていました。古くは長崎太郎『宣教者森勝四郎先生とその書簡』（森正美、一九六一年）で紹介され、笠原芳光の「個人キリスト者の抵抗」『戦時下抵抗の研究Ⅱ』（みすず書店、一九六九年）、『特高資料による戦時下のキリスト教運動二』（新教出版社、一九七二年）に取り上げられ、土佐クリスチャン群像刊行会『土佐クリスチャン群像』（一九七九年）にも記事があります。岩崎誠哉『森勝四郎先生とその弟子たち』（私家版、二〇〇一年）、鈴木貞男編著『寺尾喜七尋問調書と森派の記憶』（私家版、二〇一〇年、二〇一二年改訂）、岩崎誠哉編『寺尾喜七氏の尋問調書』（私家版、二〇一六年）があり、最後の二冊には寺尾喜七の「尋問調書」が収録されています。

国家による耶蘇基督之新約教会への弾圧は、プリマス・ブレザレンへの弾圧とともに、ホーリネス系教会への弾圧に半年先立つものです。弾圧は宗教結社から始まり、宗教団体である日本基督教団の第六部、九部のホーリネス系教会に及びました。ホーリネス弾圧に比べ、またプリマス・ブレザレンと比べても耶蘇基督之新約教会の研究は少ないのが現実です。

そうした中で川口葉子氏の研究は、弾圧や抵抗を前提とした視座からではなく、ひとつの特徴的なキリスト教運動として森派の信仰実践を描き出します。また、類似宗教として扱われ、やがて宗教結社として弾圧の対象となった耶蘇基督之新約教会の事例から、宗教行政における宗教の統制がどのように進められたかを捉えようとしています。宗教行政に強い若手の手堅い研究は、今後の森派研究の礎となることでしょう。

1 長崎太郎『宣教者森勝四郎先生とその書簡』森正美、一九六一年、五一～五二頁
2 司法省刑事局編『最近に於ける類似宗教運動に就て』特輯第九六號、一九四三年、二七五号
3 内務省警保局保安課『特高日報』一九四二年十一月
4 並村信一郎「寺尾喜七」土佐クリスチャン群像刊行会『土佐クリスチャン群像』一九七九年、一〇一頁

目次

はじめに——知られなかった信仰者たち

一　森勝四郎と森派

「耶蘇基督之新約教会」とは、アジア・太平洋戦争下の一九四一年、治安維持法違反により検挙され、解散した宗教結社である。

明治後期、森勝四郎（一八七三～一九二〇年）が高知県で活動を始め（そのため森派と呼ばれる）、一九一二年（明治四十五年）、安芸基督教講義所が設立された。[*1] その後、森の高弟が各地に派遣され、高知（安芸、高知）のほか、東京、愛知（豊橋、名古屋）、神戸、静岡に「イエス・キリスト教会」として伝道が広がった。

一九四〇年の宗教団体法施行にあたって、「耶蘇基督之新約教会」の名称で届出をし、宗教結社として活動した。[*2] 一九四一～四二年に計四十三名が検挙され、うち二十二名が起訴、二名が実刑判決を受けた。

戦後、名古屋や東京で活動が再開され、東京では「イエス・キリストの教会」として教会が再開した。現在は森派信者の三代目にあたる信者を中心に、名古屋において小さく森派の集会が継続されている。

森派は、森勝四郎の教えのゆえに、既存の教派とは異なる信仰実践をともなっていた。信者は世俗一般と関わりをもたず、信仰の世界に生きていくための信仰実践は経済活動と結びついた伝道の広がりを生み出した。信者はそれぞれ事業を行い、特に世の中に顧みられない仕事を選んだが、会社勤めをしないということには、安息日の厳守、神社参拝強制の回避という直接的な理由があった。得たお金は信者同士が助け合うために用いられ、高知から各地の教会に分配されていた。またその他にも、子弟は義務教育のみ、医療に頼らない、特段の伝道活動をしないといった特徴も、他から際立っていた。

それゆえ、主流教派からは特異な集団、異端的と見られており、その孤立性ゆえに、信者たちにとっては「信仰の純粋性」と自覚するほどの神との強い結びつき、信者同士の強い結びつきがあった。

二　名前に残された「弾圧」・「抵抗」の記憶

日本キリスト教史において、森派はアジア・太平洋戦争下の短い期間の名である「耶蘇基督之新約教会」として知られるのみである。森勝四郎についても、『日本キリスト教歴史大事典』（一九八八年）や『土佐クリスチャン群像』（一九七九年）などにおいて取り上げられてはいるが、近代日本における伝道者としての関心はこれまで寄せられてこなかった。

森が自覚的に記録を残さなかったことが大きな理由であり、多くが親族関係で結びついた小さなグループの存在は、戦後にわたって目が向けられてこなかった。しかし唯一、「耶蘇基督之新約教会」の名が知られてきたのは、戦時下の弾圧を受けたためである。一九四八年の国会図書館の調査を端緒とし、[*3] 宗教弾圧の言説にともなって「耶蘇基督之新約教会」の名は登場してきた。すなわち、これまでの研究史において、森派は戦時下のごく短い期間の活動のみが取り上げられ、関心が向けられてきたのである。

その名に負わされた弾圧の記憶はまた、「抵抗」者としての価値が付与されることでもあった。笠原芳光は、『戦時下抵抗の研究Ⅱ』（みすず書房、一九六九年）所収の論文「個人キリスト者の抵抗」において、非制度教会における事例として耶蘇基督之新約教会を取り上げ、抵抗者としてのイメージをともなわせた。際立った信仰実践とあいまって、森派関係者によるわずかな記録、またわずかに残された裁判記録や尋問調書などにより、「耶蘇基督之新約教会」はその信仰ゆえに弾圧され、国家に抵抗した集団として、その名が語り継がれてきた。

これまで、アジア・太平洋戦争期のキリスト教弾圧に注目した研究は、「受難」と「抵抗」の視角から事例を明らかにすることに重きを置いてきた。特に、「抵抗」を主題とする研究は、戦時下のキリスト者が信仰のゆえに反戦や神社参拝拒否を貫いた事例を掘り起こすことに一定の成果を果たしたといえよう。しかし、そのような「抵抗」研究は、一九六〇年代後半のキリスト教界において戦争責任論、加害の意識が高まるなか、それと同じ方向性をもって機能したことに注意する必要がある。

同志社大学を中心に開催された共同研究「戦時下抵抗の研究」の代表者である和田洋一は、その研究の動機として、「戦争中、キリスト教会の指導的地位にあった人たちが、戦争終了後、神と人の前にざんげをしないで、逆に自己弁護に熱心であるということ、自分たちが努力をして、かろうじてキリスト教会を守り抜いたのだというような自己宣伝をすらやっていることが、われわれとしては気がかりであった[*4]」と述べている。

「抵抗」者は、戦時下の指導者の行為のみならず、戦後も清算のない人々や教団を際立たせるために見いだされ、批判原理としての役割を負わされてきた。その意味で、「抵抗」をめぐる語りは歴史家の願望であり、その投影である。そうであれば、「抵抗」者とされることによって捨象されてきたものを拾い上げ、抵抗／妥協の二項対立に収まりきらないものを探る必要があるだろう。

三　本書の視座

本書では、森派を「抵抗した主体」として、あるいは「弾圧された客体」として、国家主義的体制との対立的枠組みにおいて描くことはせず、ひとつの特徴的なキリスト教運動であったことにおいてとらえ、近代日本の宗教政策のなかに位置づけることから始めたい。

森派の信仰実践の特徴は、近代日本において宣教師によって開拓された教派ではなく、日本人の宣教による独立した集団という点において見えてこよう。まずは、森勝四郎とその後継者たちを中心とした信仰実践の特徴を明らかにする。

次に、近代日本の宗教政策において森派をとらえ、そのような信仰実践のゆえに、森派が「類似宗教」と呼ばれたことに注目する。

「類似宗教」とは、一九一九年（大正八年）三月三日付文部省宗教局通牒に登場する用語であり、非公認宗教を指す名称として使用されていた。そのため従来宗教行政の埒外にあったが、一九四〇年施行の宗教団体法において、それらは「宗教結社」として宗教行政の対象となった。しかし、それとともに「類似宗教」の意味するところは拡大し、森派が「類似宗教」と呼ばれた戦時下においては、国家、社会の安寧秩序を害する宗教団体に対して使用されるようになる。

「類似宗教」と「宗教結社」に対する宗教政策の中に森派を位置づけるとき、森派の信仰の論理と国家主義的体制の論理の相克が生じるようになった過程が見えてくる。あらかじめ国家主義的体制との対立的枠組みを前提とするのではなく、森派の信仰の論理と国家主義的体制の論理との相克の様相を明らかにすることで、近代日本における宗教統制の一端をとらえるものとしたい。

第一章　森派の信仰

一　森勝四郎（一八七三〜一九二〇年）

森勝四郎は、三重県鈴鹿郡庄野村に、庄屋の一族として出生した。両親との死別後、大津銀行頭取の叔父に引き取られて銀行の小使いを勤めたが、十六歳で上京し、日本郵船に入社した。順調に出世し、三十歳まで欧州航路客船事務長を勤めて下船した。船客が置き忘れた英語聖書を読み回心したといい、船が神戸に着いたとき、最寄の教会で受洗したと言われるが、詳細は不明である。

日本郵船を退社し、明治学院神学部に一年、プリンストン大学神学部で二年あまり学んだのち、中途退学して伝道へと向かった。鈴鹿山中の湯の山で祈るうちに土佐伝道の啓示を受けて、高知県高岡に赴き、高知、安芸などで伝道を開始した。毎月安芸まで約十五里（約六〇キロメートル）の道のりを、下駄履きの徒歩で通ったという。一九一三年に高岡から高知市外小高坂村大膳様町に移ったが、信者の数が増え手狭になったため、さらに高知市鷹匠町に移転した。そこを本拠として大阪、神戸、姫路、伊勢、安芸など県内外に伝道を展開し、各地を巡回した。一九二〇年、四十七歳で肺壊疽のため死去した。遺骨は本人の遺志で火葬場に焼き捨てられ、墓もない。[*5]

森は、著書や論文を一切書かず、説教の原稿も書かなかった。それは、「説教にあらかじめ原稿を作る時は、人の智慧がはいる」、「信仰は決して筆で書いたものでは真の事が解るものではない」[*6]との信念があったためである。そのため、現在森の文章で残されているものは書簡類のみであり、ほかは信者や関係者らによる記録である。

森の伝道により、高知を中心に弟子や信者が数多く生み出されていった。「その話される所、質問に対し答えられる処、これこそ真の伝道者の言葉としか思えなく、これまでキリスト教界では幾多の名士に接したけれど、此の人の言動と真理のこもつた信仰的話を聴いた事がないと思つた」[*7]との評価も残されているが、伝道者としての森の指導者性ゆえに、〝森派〟と呼ばれる集団が形成されていった。

二　信仰の徹底性

森は、信仰であれ、それに基づく生活実践であれ、「此《こ》の世の人」「此の世の教会」と一線を画した。それは彼の口癖であったというが、教会主義に対する否定を示している。

森の言葉に、「人は、枡は四角なものと思つて居る。然し、神が枡を円いと云えば、直ちに円くする事が出来る。四角なものも円いと信ずれば、円くなる」[*8]とある。そのように、森は徹底した信仰の世界を提示した。

また、生活実践の特異性も際立っていた。のちに斎藤宗次郎（岩手のキリスト者で、一説には「雨ニモマケズ」のモデルとなったと言われる）の妻となる仁志《ひとし》は、家族とともに安芸教会を離れて森の講義所に出席していた。「森さんは十字架中心の信仰ではありましたが、しだいに、絹の着物は着てはいけない、木綿の着物を着よ、子供の教育は小学校きりでよい、病気になっても医者にかかるな、神様がいやして下さる、墓を作るな、等々いろいろ説かれ、それに対して信者はみな一様に共鳴しました」[*9]と回顧したという。

森の教えを守った人々は、その信仰の徹底性を共有した。森派は組織や階級をもたない教会であり、のちに高知から派遣された森の高弟らも信徒伝道者であった。

鈴木栄吉によって記録が残されている東京の教会は、野中一魯男が高知より派遣されていたが、その礼拝は経堂の信者宅で百五十人ほどが出席して行われていた。家族ぐるみが多く、彼らは、土曜日は半日で仕事をやめ、一切の備えをして聖日に臨んだという。鈴木は、「先生の祈りは詩篇の古い訳そのまゝである。新約の一章を通訳し、その場でしめされたことについて説教する」[*10]と礼拝の様子を記録し、教会の特徴を次のようにまとめている。

伝道者を持ち礼典を行うのであるから一応教会の伝統を保っている。しかし組織も規則もない。司会は聖霊に感じたものが誰でも出来ることになっている。実際は伝道者の指名した男子の信者たちが、伝道者に代って司会する。専用の会堂もないし献金もしない。年中行事が一つもない。降誕祭とか復活祭とかもない。毎日イエス様を心に迎えて毎日がそれだからである。どんな記念の集りもしない。誉《ほまれ》も毀《そしり》も一切を十字架につけて日々新になっている筈だからである。亡くなった時は、死体を叮嚀《ていねい》に処理するだけで葬式はしない。死義《ママ》はたましいが肉体を離れているのであるから、死義《ママ》の前で祈ったり悲しんだりすることはない。墓参もしない。日曜学校もしない。幼児が聖言が解らないというのは大人の高慢である。神社参拝はすべきではない。善いものは一つだからである。これを絶対しなかったことが弾圧の理由であった。洗礼式は申出があれば毎日曜日でもする。聖餐式は数年に一度しか行わない。三度の食事と安息日の会食がそれだからである。[*11]

無教会のような集会様式であったことがわかる。宣教師らによる既存の教派とは異なり、クリスマスなどの年中行事をも徹底して排し、ただ信仰のみを追求する姿である。

また、聖日を教会で守ることを軸に一週間の霊的プログラムがあり、一日の生活は家ごと、あるいは近所の信者と一緒に礼拝することに始まった。一週間のうち一日は、都内のどこかで野中の話があり、近くの者が集まったという。[*12]

森派は、安息日の厳守、偶像礼拝の拒否において際立っていた。高知で信者子弟として育った並村信一郎は、安息日について、「総ての業を休み社会と交渉を絶ち、ひたすら神に仕える日として、信者の家庭は幼児、使用人に至るまで全員朝の礼拝出席を強制された。夜の求道者礼拝は信者だけの出席だったので、私達受洗していない者の午后からの行動は自由だったが、信仰に関係のない世俗への金銭の支出は、総ての業を休むことに反するので禁じられていた」、また偶像礼拝については、「又祝祭日や神祭が近づくと学校へ行くのが憂うつだった。父は子供達の偶像礼拝を拒否し、登校を禁じた。それで学校と家庭とのトラブルは絶えなかった」[*13]と回顧する。安息日に徴兵検査日や召集日があたると、青年たちはそれに応ずることを拒否することにもなった。

そのような徹底した信仰実践をもつ森派は、そのコミュニティに強固さと排他性をともなった。信者は互いに生活の世話や経済的な援助を行い、信者だけで完結する集団を形成していた。並村は、その排他性を次のように述べている。

信者どうしの兄弟姉妹としての交わりは申すに及ばず、教会を中心とする教会員による一つの社会が形成されていた。勿論肉の生活における一般社会との接触はあるが、この世の人々とは家と家との付合いはせず、親戚といえども未信者とは疎遠だった。又この世の政治、教育、文化等の社会活動にも関与せず、信仰以外の無駄は一切排除されていた。[*14]

鈴木は森派の生活を、「市井の中の修道生活[*15]」とも表現しているが、森派の信者は、世俗や他の教会から隔絶し、信仰の徹底性とそれに基づく生活を固く保とうとするものであった。

三　生活における信仰実践

その生活の中で、彼らの信仰と生活は一体化し、その職業や経済活動が彼らの信仰実践であった。森派の信者は商人と労働者が多数を占めていたが、それは、信仰の妨げとなるような社会的指導層を避け、地位の低い農業や商業、人の下に立つ労働者になることを望んだためであった。また公務員や教員など体制側の職業には、その信仰生活を全うできるための転職を指導したという。[*16]

それゆえ、安芸を中心に、信者による信者のための企業も発展した。初期の森派信者のうち、並村喜七が経営する製糸工場では、三百人まで増加した従業員によって毎朝工場礼拝が行われた。また、須賀寛郎は醬油醸造の家業で信者多数を集めて事業を拡張し、また、須賀寛助はその材木・薪炭販売業が京阪地方まで進出し、支店、出張所はみな森派の伝道所となったという。[*17] このような企業は、病人をもつ家族、身体障害者、未亡人、孤児などの信者を世話するためであるとともに、義務教育を終えただけの子弟に対し、実業を身につけ、信仰へ導く訓練の場ともなった。前出の並村信一郎は、「私達信者の子弟は、こうしてキリスト教というものを躰で覚えていった[*18]」と証言する。

一方東京では、信者村の建設が試みられた。一九三七年頃に、学者、インテリ、資産家とされる人々が森派東京教会の会員になっていたが、小林弥太郎、那須志磨、徳田六郎が出資し、一九四〇年、〝玉農園〟と呼ばれる広大な農園が元八王子村に造成された。[*19] 世俗を離れた信者村の建設により、信者に仕事を与え、家族の生活を確保するものであり、各地教会信者の子弟が移住した。

人形製作工場とその宿舎、また那須宅が県道沿いにあり、畑道を約二キロ入ると川沿いに農園があった。一帯は高台で、果樹園や畑のほか、本部、家畜小屋、青年たちの小屋などが点在していた。移住した信者らは農耕未経験であり、電灯もなく、炊事は七輪を外に持ち出して露天掘りの井戸端で行うなど、生活は困難であった。

その一方、毎朝、本部に集まって礼拝をし、金曜日には、農園全体が夕方から那須宅で野中の話を聞いた。聖日には、工場の人たちが農園に来て礼拝を守り、一日を清く正しく過ごしたという。一九四一年九月、検挙により活動停止になったが、これらの活動は、森派の信仰の「終末観的性格」が表れたものでもあったと鈴木は述べている。

明治後期に高知で起こった森派は、森の教えを守り、世俗社会、既成教派から隔絶した集団を形成した。信仰と実践の徹底性をもった堅固なコミュニティにおいて、信者は互いに助け合い、信仰を生活において実践した。信仰の徹底性とそれに基づく生活を保つため、信仰以外のものは排除した閉じられたコミュニティであった。

第二章　「類似宗教」をめぐる宗教政策

一　「類似宗教」から「宗教結社」へ

森派は小さな集まりにすぎなかった一方で、戦争に向かう時局下において、その特徴ゆえに徐々に特高の監視を受けるようになった。一九四〇年代に至り、森派は「類似宗教」として特高の検挙を受けることになる。

まず、「類似宗教」をめぐる宗教政策を押さえておきたい。

「類似宗教」は一九一九年（大正八年）以来、非公認宗教を指す用語であった。一八九九年（明治三十二年）、キリスト教の布教を公認した内務省令第四一号[*20]により、キリスト教が正式に宗教行政の対象となったが、それによると、行政上の「宗教」とは、神道教派、仏教宗派で成立を公認されたものと、教会を単位とするキリスト教であった。「類似宗教」とは、これに対して、三教以外の宗教、あるいは神仏道の系統でも教宗派の成立を公認されなかった宗教であり、[*21] 宗教行政の埒外に置かれた。

一九一四年、公認宗教を管轄する宗教局は内務省から文部省に移管されたが、「類似宗教」は、治安警察法上の結社として一般の結社警察権を有する内務省警保局の管轄下のまま、刑法、治安警察法、治安維持法など一般法規の運用のもとにあった。一九三五年、第二次大本事件（明治後期に起こった神道系の宗教団体「大本」に対する弾圧）を契機に内務省警保局、司法省が宗教団体に対する規制に参入するが、それは「類似宗教」から開始し、宗教団体全体の統制がねらいであったと指摘されている。[*22] 一九四一年の治安維持法の全面改正においても、その主要な柱の一つとして「類似宗教」の組織・活動を規制網のうちにとり込むことがあった。[*23]

「類似宗教」を手掛かりに宗教団体の取り締まりへと向かう司法省や特高の一方、文部省は、「類似宗教」を宗教行政のうちに取り込み、時局下にあって、宗教団体を国民教化に動員しようとした。一九四〇年施行の宗教団体法によって、「類似宗教」は「宗教結社」となり、宗教行政のうちに取り込まれた。宗教団体法では、宗教団体は認可主義のもと、教派、宗派、教団、寺院、教会の五種類があり、宗教結社は、「宗教団体ニ非ズシテ宗教ノ教義ノ宣布及儀式ノ執行ヲ為ス結社」（第二三条）のことである。宗教団体と違い、法人化や、税の賦課減免、差押禁止等の保護特典はなかったが、地方長官への届出のみで設立できた。

これにより、「類似宗教」は内務省管轄下から文部省の管轄下へと移されることになった。「宗教結社」の実態は、これまで「類似宗教」と呼ばれてきたもののほか、「宗教団体」所属の未届教会や集会所の類であり、後者が大多数を占めた。[*24]

二 「類似宗教」概念の展開

しかし、宗教団体法によって「類似宗教」が「宗教結社」となった後、司法省や特高は、「類似宗教」の適用範囲を広げることで、宗教に対する規制を強力に推し進めた。

判事の芦刈直巳を著者とする司法省刑事局編『最近に於ける類似宗教運動に就て』（思想研究資料特輯第九六號、一九四三年）は、宗教団体法施行以後の「類似宗教」を定義して、「外見上常に礼拝等の如き所謂宗教的行為を随伴するも、該行為の本質を形成する教義其の他に於て、国家、社会の安寧秩序を害し又は害するあるもの」とする。それは、「㈠当該宗教の公認、非公認或は既成、新興の如何を問はず　㈡結社、集団等の如き団体的行為たると個人的行為たるとに差異なく　㈢俗に、所謂宗教的行為であれば足り、広く迷信、加持、祈禱等をも包含し　㈣苟《いやし》くも、其の本質に於て治安維持法、其の他の特別法を包摂する広義の刑法の対象となるもの」[*25]である。

公認、非公認を問わず、と意識的にその規制を拡大させ、適用した。宗教団体の制度的実態からその本質的実態へと「類似宗教」の概念を変質させることで、これまで取り締まりの対象ではなかった宗教集団をも取り締まりの対象としたのである。*[26]

三 「類似宗教」としての森派

適用範囲の拡大のなか、森派も「類似宗教」とされることになる。芦刈による前出書には、キリスト教系の「主要類似宗教団体」として、灯台社（現・エホバの証人）やホーリネス系などとともに耶蘇基督之新約教会が取り上げられ、「神宮、皇室の尊厳冒瀆」「不敬」に該当するものとされた（表一参照）。

表1　主要類似宗教団体一覧

主要類似宗教団体分類一覧表

基督教系	団体	検挙の有無	国体否定乃至国体変革	神宮、皇室の尊厳冒瀆	不敬	私有財産制度否認	其の他
社会主義系	社会主義基督教	無	●				
猶太教系	燈臺社	有	○	●	○	●	
猶太教系	無宗派基督教	〃	○	●	○		
猶太教系	耶蘇基督之新約教会	〃		○	○		
猶太教系	日本聖教会	無	●		●		
猶太教系	きよめ教会（長老派正統派）	〃	●		●		
猶太教系	日本セブンスデーアドベンチスト教会	〃	●		●		
猶太教系	伝導館	〃	●		●		

註　その他の項に何等記載なきは、当然かゝる嫌疑あるものとす。
○は嫌疑充分なるもの。●は嫌疑あると認めらるゝものを示す。

『最近に於ける類似宗教運動に就て』312〜314頁より作成

検挙については後述するが、「目下鋭意之が取調中」（一九四一〜四二年頃）に執筆された調査報告は、「沿革」「教義一般（教義書、教理〔創世観、国家観及天皇観、神観〕、目的）」「布教活動」「危険性に就て」という四項目においてまとめられている。

結社の目的について、「究極するに、現在の国家社会の諸制度は結局神意に背悖し永続せられるべきものではなく、近き将来神自らの手に依つて撃滅一掃せらるゝ、必然的運命を負荷してゐる」[27]ため、その後到来する神の国を待望し、宣伝するものとする。それゆえ、その国体観についても、「表見的には我が国家及天皇を是認し奉るかの様であるが、究極に於ては現国体の滅亡を期待するもの」[28]と、明確な国体否定の思想として読み取っている。

一方で芦刈は、灯台社と比較することで、森派は「活動性」における積極性を欠くものとする。その消極性ゆえに観念的に国体を否定する以上の意図はなく、国体変革には至らないとした。とはいえ、危険性が少ないと断言はできないとし、「或は保身の為め現在故らに積極行動を差控へたるやも保せられず、寧ろ其の信仰心に至つては同種のものに比し相当以上堅固なのではあるまいか」[29]と、信仰心の堅固さを危険性の増大として読み取っている。

宗教団体法施行以後、「類似宗教」はその適用範囲を拡大され、それゆえ森派も「類似宗教」とされた。国家の安寧秩序を害する団体としてとらえられ、国家主義的体制との対立構造のなかに置かれたのである。

第三章　国家主義的体制との相克

一　検　挙

宗教団体法の施行を受けて、森派は各地で「宗教結社」としての届出をし、宗教結社「耶蘇基督之新約教会」として活動していた。治安維持法違反での検挙は、一九四一年九月のことである。しかし、それ以前から特高の内偵が進んでいたのであり、その発端が、『昭和十四年中に於ける社会運動の状況』内の「神観・国家観等に関する基督者の要注意言（行）動」に記されている。

「高知県安芸郡地方基督教信者グループ（約五十名）」として取り上げられ、「神社に参拝せず戦死者遺骨の出迎墓参を為さず、四大節拝賀式に子女を出席せしめず、又国旗をも掲揚せず、病気に罹るも医療を乞はず、其の他不敬、不穏の思想信仰を有するものの如し」[*30]との記録である。以後、高知、東京、愛知、兵庫、静岡で内偵が行われてきた。

一九四一年八月十一日、森派の信者である熊沢とよに対して、軍刑違反（造言飛語）の嫌疑で検挙取調が起こる。それにより、「同教会一派の不穏なる教理教説等略々判明し、神宮の尊厳冒瀆に依る治安維持法違反成立するの見透を得るに至」った。[*31] それを契機とし、一九四一年九月十二日、東京、静岡、神戸、高知、名古屋において、三十八名に対する一斉検挙が起こる。十二月二日には、愛知で二名を追検挙、翌年六月十八日には静岡で三名を追検挙し、計四十三名が検挙された。

信者の代表格であった寺尾喜七は、特高の尋問において、「私共の信じて居る神は世界で唯一全智全能絶対至上の神でありますが故に、我国に於いて天皇陛下を始め一般国民が尊敬して居る伊勢大神宮始め其の他の神々一切は、信ずる事は出来ません」と断言し、神宮神社に対する礼拝について、「『イエス』以外の神を信ずるは偶像礼拝であって神は堅く禁じて居ります。此の事に付いて説教、其の他あらゆる機会に信者、求道者に神社仏閣に礼拝するは、神への反逆者であると云う風に堅く之を禁じて居る次第であります」と、偶像礼拝拒否を明確に表明し、森派が堅く守る教えであることを明言する。

そのような尋問を経て、当局は、「被疑者の陳述状況を観るに二、三のもののみ国体否定の教説、目的を表明し居るに止まり結社自体が国体否定の教説流布を目的とせるものとは断じ難く、唯所謂偶像崇拝の排撃を強調して神宮の尊厳を冒瀆すべき事項の流布を目的とする結社なる事に就ては一点の疑いなきに至」ったとして、二十二名を起訴した。そのほか、起訴猶予が二十名、死亡一名であった。

起訴者が半分に過ぎなかったのは、教役者をすべて起訴し、平信者については犯情が重い者を除き起訴猶予とするという大審院の方針による。[*33] 実刑を受けたのは、東京の野中一魯男（懲役二年六か月）、名古屋の松浦永吉（懲役三年）の二名であり、執行猶予が二十名であった。[*34] 高知の並村総七は大審院へ上告申立てを行った（次頁、表二参照）。

七名が起訴された高知地裁の判決文では、森派の教義が、旧新約聖書に基づいて三位一体の神のみを全知全能、唯一絶対の活ける神とし、他の神々の存在を否定するものととらえ、森派が十戒の第一戒、第二戒に基づいて偶像礼拝の排撃を強調し、皇大神宮をはじめ神宮神社は霊なき単なる偶像にすぎず、祭祀礼拝すべきものではないとしていると断じる。その上で、治安維持法改正法律施行後は、そのような神宮の尊厳を冒瀆すべき事項を包蔵する結社は解散すべきにもかかわらず結社を継続組織し、あるいは脱退すべきにもかかわらず信者であったこと、次に、司会者として説教所において教義の解説をなし、それを流布したことの二つをもって、判決理由としている。

表2　森派に対する判決一覧

庁名	被告人氏名	職業	第一審			上告審	
			判決年月日	判決	検事求刑	判決年月日	判決
東京	野中　一魯男	元耶蘇基督之新約教会伝道者	1943.5.31	懲役二年六月（五五〇）	懲役五年		
	西田　和四郎	書籍商	同	懲役二年、三年猶予	同　三年		
	小林　弥太郎	無職	同	同	同　三年		
	西中　橋次郎	無職	同	同	同　三年		
高知	須賀　寛助	無職	1942.12.5	懲役二年（一〇〇）五年猶予	同　三年		
	森　巳之助	製材工場管理人	同	同	同　二年		
	川島　博耕	製材職工	同	同	同　二年		
	寺尾　喜七	木材商	同	同	同　四年		
	並村　総七	会社員	同	同	同　二年	1943.5.12	懲役二年（一〇〇）五年猶予
	松浦　卯太郎	無職	同	同	同　二年		
	安藤　賢造	菓子製造業	同	同	同　二年		
名古屋	松浦　永吉		1942.11.4	懲役三年（四〇〇）	同　四年		
	井端　楠一		1942.11.12	懲役二年、五年猶予	同　三年		
	岩崎　春員		1942.11.5	懲役二年、四年猶予	同　二年		
	松浦　小三郎		同	同	同　二年		
	鈴木　基次		同	同	同　二年		
	鳥居　誠		同	懲役二年、五年猶予	同　三年		
静岡	入江　秀郎	婦人子供服製造業	1943.5.29	懲役二年、三年猶予	同　二年		
	太田　敦太郎	石鹸染料製造販売業	同	同	同　二年		
	作田　幸平	保険代理店兼質屋	同	同	同　二年		
	成田　和郎	洋裁業手伝	同	同	同　二年		
	北澄　勝	染物洗張業	同	同	同　二年		

（　）内は未決勾留日数中、刑に参入される日数

※「最近に於ける主要なる類似宗教関係判決結果一覧表――昭和18年6月30日報告現在」『思想月報』103号、82～84頁を参考に作成。
職業は『思想月報』の各地裁報告による。

二　信仰と国家主義的体制の衝突

検挙による森派の信仰と国家主義的体制の衝突は、一方で信仰の世界が排斥されることになり、しかし一方で、その信仰の論理が国家主義的体制の論理へと回収され、変換されていく過程でもあった。

まず、信仰の世界の排斥は、転向として現れた。森派は、転向者の多さも際立っていた。当局は、「検挙直後は孰《いづ》れも自派教説の真正を妄信し飽迄《あくまで》離信転向せざる旨放言して憚《はばか》る所なき状況なりしが、被疑者等にありては取調の進捗に伴ひ漸次旧信の誤りなりしを自覚せると、長期に亘る留置取調に因る苦痛とより精神的動揺を生じたるものの如く、いずれも転向を表明するに至り」[*35]とし、彼らは出所するとすぐに自宅に神棚を設置し、また他の信者に転信を進めたと記録する。

検挙はまた、国家主義的体制の論理が信仰の論理を取り込んでいく過程ともなった。一九四二年八月二十五日及び十一月十六日、高知教会（日本基督教団第一部）牧師の霜越四郎は、高知で検挙された森派信者に対する高知地方裁判所予審廷で証言に立った。霜越は、偶像礼拝、安息日、未信者との結婚、医者にかからぬこと、子弟に教育を禁ずることという点について、森派の信仰を教団との差異から証言した。[*36]

三位一体の神以外に真の神は存在せず、日本における神は神でない、というような態度はキリスト教として正しいかと問われ、霜越は次のように答える。

　勿論それは正しき態度ではありませぬ、左様な教派では神と云う言葉に就いて混雑を来して居るのであります。私の属する日本基督教会では我が国に於いて崇敬して居る神々に対しては、それを神ではないと言いませぬ。聖書に於いて神一人の外に神なしと云う意味は我々の魂の永遠の運命を託する信仰の対象としての神を指して居るのでありますが、我が国に於いて国民意識を以て崇敬するところの神とは言葉が同一でありますが、内容を異にするのであります。[*37]

霜越の答えは、当時のキリスト教指導者に一般的に見られるものである。
聖書の神、日本の神はともに「神」という語であるが、それは信仰と崇敬の対象として異なるのであり、それを森派は理解していないとするものである。それを霜越は翻訳の問題に帰し、「我が国にキリスト教の伝わる以前に神社があり神があった事は申し上げる迄も有りませぬ。キリスト教に謂う『神』とは聖書が我が国に輸入された時の翻訳語であります。而《しこう》してキリスト教の神とは信仰の対象であり礼拝の対象たる神の事であります[*38]」と陳述する。

この霜越の証言は、ただ一人上告した並村総七に対する大審院判決（一九四三年五月十二日）[39]の判決理由において依拠されるものとなった。大審院判決は、地裁の原判決が森派の教義を誤認したのであり、森派の教義は、宗教の監督行政上違法性がないと公認されている一般キリスト教の教義と何ら変わらず、その教義に神宮の尊厳を冒瀆するものはないとする。偶像礼拝禁止ゆえに神宮の尊厳を冒瀆するとした原判決についても、森派が神宮や神社を偶像とし、その礼拝を禁じたと理解した原判決は、森派の教義を誤認するのだとする。

その根拠は、「神」をめぐる「誤解」である。

毫《ごう》モ基督教ニ所謂神ト相対立シ相反発セラルルカ如キ関係ニ在スモノニ非ラス偶々基督教ニ於テ「ゴット」ヲ和訳スルニ当リテ従来神道方面ニ於テ慣用セラレタル「神」ナル文字ヲ選ミタル為メニ其ノ名称ノ混同ヲ來シ往々同言異議ニ気附カスシテ失錯ヲ生スルコトハ甚タ遺憾トスル所ナリ[40]

もともとキリスト教は日本の神と対立するものではないにかかわらず、たまたまキリスト教が「ゴッド」の和訳に「神」という語を採用したために、今回のような混同が起こったとする。それゆえ、キリスト教は「ゴッド」以外の礼拝を禁じているが、それは宗教上の信仰の事項であって国民として神宮や神社を崇敬することは教義と関係ないとし、原判決がこの立証を採用せず、一般的にキリスト教の教義が神宮の尊厳を冒瀆するものと認めたと批判する。その際、「本件ノ予審及原審公判ニ於テ証人霜越四郎ナル者アリ基督教ノ教義ニ付前記同旨ノ証言ヲ為シ居ルニ拘ラス」と、霜越の陳述が取り上げられ、その見解に立脚したことが述べられている。

この司法の判断は、森派の偶像礼拝に対する考えを一般キリスト教と同じものと理解することで、森派の教義を国家主義的体制と対立するものではないと結論した。

しかし、それは寺尾が尋問で述べたような森派の教義に、あえて異なる解釈を施した結論である。一見、キリスト教に対する寛容を示すものでもあるが、それは結局のところ、神宮、神社に対する参拝を「崇敬」によって進めようとする論理である。森派の教義を国家主義的体制の枠組みにおいてとらえ直し、その論理のうちに取り込んでいくものであり、宗教統制のひとつのかたちであることが指摘できよう。

おわりに

一　神への信仰

近代日本において、森勝四郎は徹底した信仰とそれに基づく生活実践を提示し、独自の伝道を推し進めた。それを共有した森派と呼ばれる信者集団は、信仰以外、また信仰者以外が排除される強固なコミュニティを形成し、他の教派から隔絶した信仰実践をともなった。

彼らは特に、安息日の厳守、偶像礼拝の禁止、きよい生活をめざすことにおいて際立っており、世間から閉じられた世界のなかで信仰に生きようとした。信仰の世界を生活において確立させるものであり、その職業や生活のすべては彼らにとって信仰実践であった。

検挙は、その閉じられた信仰の世界に国家主義的体制が対峙した出来事である。本書は、「類似宗教」に対する宗教政策のなかに森派を位置づけ、「類似宗教」に対する国家主義的体制の発動と、取り締まりの諸相を検討した。森派は、徹底した神信仰とその実践のゆえに

「類似宗教」とされ、国体否定、神宮の尊厳を冒瀆する結社として、解散へと至る。信仰が排斥され、あるいは信仰の論理が国家主義的体制の論理に取り込まれていく過程に、宗教統制の様相を見ることができる。

森派は、国家や戦争に対する抵抗運動を行ったのではなく、国家体制を否定する意志をもっていたわけでもない。しかし、唯一の神のみを神として礼拝し、徹底的に他の何物への礼拝を拒否する森派の信仰は、天皇を神とする国家体制から逸脱するものであった。それは、霜越の証言に見られるような、「神」の意味を意図的にずらすことで存続し続けた信仰とは明確に異なる。神のみを礼拝し、神の命令にのみ服従する信仰ゆえに、森派は近代日本のキリスト教にその痕跡を刻んでいる。

二　寺尾喜七について

森勝四郎は、「私は寺尾喜七君一人を導き得た事で満足である」と語ったという。寺尾は森から按手礼を受け、須賀寛助とともに森派教会の長老となった。森の死後、教会の責任者となり、各地の信者を指導し、伝道者と信者の生活を支えた。

寺尾の入信は、一九〇八年頃の森との出会いによるものである。寺尾は安芸において木材商として勤めていたが、二十七歳頃、日露戦争に従軍し、中国の旅順《りょじゅん》にある東鶏冠山北《とうけいかんざんきた》保塁《ほるい》の攻撃に決死隊として参加し、敵の手榴弾で左眼を失った。突撃のたびに全滅する北保塁の惨状から、人生に深く煩悶するようになり、三十歳のとき森に出会った。寺尾は森の語る福音を聞き、「では人間は何のために生まれて来たのでしょうか」と問うたところ、森は「人は神に従うべく、神に創られたのである」と答えた。それを聞いた寺尾は、「世界が明るくなった」とそのときの心境を述懐し、机の上のランプを見ながら、「自分はランプの火屋《ほや》になろう」と決心したという。[*41] 火屋は、ランプによって熱くなるもので、火が風で消えないことをその目的とするものである。

一九一六年頃には、長老として按手礼を受ける。伝道者としての寺尾について、「寺尾の説教は、自己が実業人であるだけに、世のさまざまの出来事を聖書に照して、即座に解明して信者の歩むべき道を具体的に示し、渾身の力をこめて、十字架の真理と神の愛を説く。原稿もメモもない。聖霊に導かれて語るその言葉は、気迫に溢れていた」[*42] と書き残されている。

寺尾は、材木商としても正直な商売で信用された。市場取引では、いつも良い値段で買い取るので市場を活気づかせるとともに、主日には商取引をしなかったため、彼が出ない市場は低調で商売にならないと、日曜日には休みになるほどであった。

寺尾は〝田舎の親爺〟といった、至って風采のあがらない人であったが、彼と顔を合わせると心の底まで見透かされているような感じを受けたという。高知や安芸の信者は、寺尾長老や寺尾先生と呼ばず、「寺尾のおんちゃん」と呼んでいた。困窮する信者のために自分の恩給を担保に借金をし、惜しまず金銭を援助した。[*43]

森派が検挙された際には、「刑事も警察関係の人々も、拘束して時たつとともに、容疑者をひそかに真の愛国者とほめ、次第に信者達を尊敬して寛大に取扱った。中でも寺尾喜七氏を〝まことにえらい人〟と驚嘆して居た」と言われている。高知で起訴された寺尾以外の六人は、法廷でその信仰を放棄することを表明したが、寺尾のみが、最後まで信仰を捨てることはできないと主張した。[*44]

釈放された後は、自室に閉じこもって聖書と讃美歌に四六時中親しんだとされ、敗戦直後の一九四五年九月二十四日、六十八歳で死去した。

三　調書の概要

◆資料の経緯

本調書が現存するのは、寺尾の長男である幸雄氏が招集を受けて出征する際、司法書士に書き写しを依頼したためである。幸雄氏はシベリアで抑留され、そこで亡くなったが、その後、寺尾の家に引き継がれたようである。

寺尾の長女である松浦喜代子氏の夫・松浦真澄氏が、寺尾の家から戦後二十年以上を経て調書を発見し、名古屋の森派信者である岩崎誠哉氏の夫人がそれを原稿用紙に複写した。森派のなかでは知られるものとなり、これまでに私家版として、岩崎誠哉『寺尾喜七の尋問調書』（二〇一六年）、鈴木貞男『寺尾喜七尋問調書と森派の記憶』（改訂版二〇一二年）として刊行されている。

◆**資料の性格**

本書巻末に掲載する寺尾喜七の治安維持法違反事件についての資料は、以下のとおりである。

一　第二回尋問調書（昭和十六年十一月二十六日）
二　第三回尋問調書（昭和十六年十一月三十日）（手記を含む）*45
三　予審請求書（昭和十七年六月四日）、公訴事実

本書に掲載する尋問調書は、司法警察官（特高）による尋問の記録であり、寺尾の調書として唯一現存するものである。

旧刑事訴訟法のもとにあった戦時下では、検挙された被疑者に対し、まず検事の指揮のもと捜査がなされ、特高と検事による尋問が行われる。その手続きに則り、寺尾に対してはまず、特高の藤崎秀吉警部補によって被疑者尋問が行われた。場所は高知警察署であり、寺尾はそこに拘留されていたと考えられる。

資料一、二は、その第二回と第三回の尋問の記録である。本来は調書の冒頭に、捜査を命じた検事の氏名等が明記されるはずであるが、書き写しの途中で省略されたようである。寺尾の場合は、高知地方裁判所検事局の検事中島英一の命令によると推察される。

なお、調書が現存しない特高による第一回尋問では、人定質問がなされ、家族や経歴等の確認がなされたと考えられる。また、第四回以降尋問が続けられた可能性もあるが、寺尾の手記があることから、三回で終えた可能性は高い。その後、検事による尋問が行われた際には、検事の調書も作成されたはずであるが、現存していない。*46

検事による捜査を経て、寺尾は起訴が決定し、昭和十七年六月四日付で中島検事から予審判事に宛てて予審請求書が作成された（資料三）。予審とは、予審判事が尋問と証拠調査によって被疑者を取り調べ、事件を公判に付すかどうかを決定するものである。寺尾の担当は、高知地方裁判所の予審判事小西寿賀一であった。予審においても、尋問を記録した予審調書が作成されるが、寺尾の予審調書も現存していない。

予審の結果公判に付されることが決定し、寺尾は、高知で同時に検挙された須賀寛助、森巳之助、川島博耕、並村総七、松浦卯太郎、安藤賢造の六人とともに、合同で公判に付された。大西正幹、川崎斉一郎を弁護人とし、少なくとも四回以上の公判が開かれたのち、[*47]一九四二年十二月五日に判決が言い渡された。治安維持法第七条前段に該当するものとして、[*48]七名ともに懲役二年（未決勾留日数中百日を算入）、執行猶予五年であった。なお、司法省刑事局による『思想月報』九九号（一九四二年）には、七名に対する判決が全文掲載されている。

◆調書の内容

寺尾の調書には、三位一体の神のみが活ける唯一の神であること、その神の命令には絶対的に服従することが明確に表明されている。

寺尾は、第二回尋問の冒頭で、結社の根本教理について問われ、「神観」「聖書観」「世界観」「日本国家並びに制度に対する観方」「神の道を伝道する究極の目的」「右究極目的達成の方法その他」の六項目に分けて述べることについて答える。藤崎警部補は、それらの項目に基づいて尋問を進めており、最初の二項目が第二回で扱われ、残りの四項目が第三回で扱われている。「日本国家並びに制度に対する観方」では、さらに具体的な問いとして、国体や天皇、国旗について取り上げられており、国の制度に従うことと神に従うことに、どのように折り合いをつけたかが表されている。第三回尋問の最後には、森派の教理のうち一般社会制度と異なる点について問われ、寺尾は「戦争観」「安息日」「病気」「結婚観」「職業観」についてそれぞれ答えている。

第三回の調書の最後に、寺尾の手記が付けられている（本書八八〜八九頁収録）。千字程度の文章であり、尋問を経た寺尾の心境が述べられたものである。

寺尾は、「今こゝに神様に対し、人に対して、神を離れ、信仰を捨てる気持になれませぬ。それも信仰が間違って居るということを悟りましたなれば、悔い改めて信仰を捨てますが、自分の信仰が間違って居ると思いません」と、信仰から離れるつもりはないと公言する。それは、信仰が「真に人を愛する途である」との確信に基づくものである。そして、今後伝道はせず、ただ救いを完うするために神への誓約を守るとし、判決が出ればそれに従い服罪することが神に従うことだとする。信仰に対する緊張関係を経験するなかで、神のみに従うことを表明し続けた寺尾の信仰が、調書に一貫して表されている。

なお、資料の掲載にあたり、旧字は新字に改め、明らかな誤字やふりがなは〔　〕で補足した。

注

1　森の招聘をめぐって日本基督教会安芸教会が分裂したもので、寺尾喜七、須賀寛助、並村喜七、川嶋晟耕らを中心とした。一九一八年(大正七年)の信徒数届では信者五十八名、求道者多数が記録されている。(日本基督教団安芸教会所蔵資料)

2　正確には、東京は一九四〇年三月三十日付で設立が許可された団体であり、宗教団体法施行後は単立教会として教会規則の認可を受ける必要があった。当局の資料には、「本教会主管者野中一魯男及総代全部□(昨?)年留置セラレ教会規則ノ手続ヲ為シ得ス　追テ處□ノコト」とメモ書きされており、その手続きができなかったのではないかと推察される。一九四二年十二月十七日付で解散申請書が提出され、解散が認可されている。(東京都公文書館所蔵「教会解散の件　世田谷区経堂町　耶蘇基督之新約教会設立者　野中一魯男」「耶蘇基督之新約教会　世田谷区経堂町(基督協会名簿)」)

3　参議院議員でクエーカーの高良とみが、アメリカのクエーカーの要請を受けて依頼したもので、国会図書館調査局によってキリスト教弾圧に関する調査がなされた(藤尾正人「戦時下キリスト教迫害関係資料について」『参考書誌研究』五、一九七二年)。森派からも野中他が回答している。なお、各人の回答は『戦時下のキリスト教運動Ⅱ』に転載されている。

4　同志社大学人文科学研究所編『戦時下抵抗の研究一　キリスト者・自由主義者の場合』(新装版)、みすず書房、一九七八年、二頁。

5　長崎太郎『宣教者森勝四郎先生とその書簡』一九六一年。プリンストン大学神学部はプリンストン神学校のことかと思われる。ほかに森や森派の資料として、岩崎誠哉『森勝四郎先生とその弟子たち』私家版、二〇〇一年。鈴木貞男編著『寺尾喜七尋問調書と森派の記憶』私家版、二〇一二年を参照。

6　長崎前掲、五一頁。

7 太田米穂「右の返事」『はこ舟』第五二号、一九六〇年、七頁。
8 長崎前掲、五一頁。
9 鈴木栄吉「森勝四郎のことども」『聖書の日本』二八五、一九六〇年、一五頁。
10 鈴木栄吉「野中一魯男とその教団の信仰」『聖書の日本』二八〇、一九五九年、一六～一七頁。
11 同右、一七～一八頁。
12 鈴木栄吉『流転を貫く神の愛』日本YMCA同盟出版部、一九七〇年、七二～七三頁。
13 並村信一郎「迫害された信徒とその家族」『高知教会々報附録』七三、一九八二年、六頁。
14 同右、六頁。
15 鈴木栄吉前掲（一九七〇年）、五三頁。
16 並村信一郎「寺尾喜七」『土佐クリスチャン群像』土佐クリスチャン群像刊行会、一九七九年、一〇〇～一〇一頁。
17 長崎前掲、二〇頁。
18 並村前掲（一九八二年）、六頁。
19 鈴木栄吉前掲（一九七〇年）、八一～八五頁。
20 「神佛道以外ノ宗教ノ宣布者及堂宇説教所講義所ノ設立、移転、廃止等ニ関スル届出規程」であり、神仏道以外の宗教の宣布者は宣教届（宗教の名称、布教の方法、履歴書等）を、会堂等の設立には設立願（設立理由、名称・所在地・敷地・建物に関する事項等）を地方長官に届出ることが規定された。なお、同年六月に閣議提出された「神佛道以外ノ宗教ニ関スル省令発布ノ件」には、キリスト教徒の数や布教のための教会堂も少なくないとして、本省令の対象としてキリスト教が想定されていることが示されている。（JACAR（アジア歴史資料センター）Ref. A15113311400, 公文類聚・第二三編・明治三二年・第三五巻（国立公文書館））
21 「類似宗教」のなかには、神道的色彩が濃厚なもの（大本教・誠光教・天善教など）、仏道的色彩が濃厚なもの（一燈園・国柱会・如来教など）、キリスト教的色彩が濃厚なもの（道会など）、神仏基三教のうち二教または三教混合の色彩が濃厚なもの（観自在宗など）、神仏基いずれの色彩も濃厚でないもの（ひとのみち教団・大日本世界教など）があった。（文化庁文化部宗務課編『明治以降宗教制度百年史』一九七〇年、一三六頁）

22　渡辺治「ファシズム期の宗教統制――治安維持法の宗教団体への発動をめぐって」東大社会科学研究所編『ファシズム期の国家と社会四　戦時日本の法体制』東京大学出版会、一九七九年。

23　『現代史資料四五　治安維持法』（奥平康弘解説）みすず書房、一九七三年、xvi～xvii頁。

24　牧之内友「戦前期における文部省の宗教政策――「類似宗教」が「宗教結社」となるまで」『北大史学』四三、二〇〇三年、三二頁。

25　司法省刑事局編『最近に於ける類似宗教運動に就て』（思想研究資料特輯第九六號）、一九四三年、五頁。

26　牧之内前掲を参照。

27　前掲『最近に於ける類似宗教運動に就て』二七八頁。

28　同右、二八〇頁。

29　同右、二八一頁。

30　同志社大学人文科学研究所キリスト教社会問題研究会編『戦時下のキリスト教運動Ⅰ　特高資料による（昭和一一年～昭和一五年）』（オンデマンド版）、新教出版社、二〇〇三年、一八〇～一八一頁。

31　同志社大学人文科学研究所キリスト教社会問題研究会編『戦時下のキリスト教運動Ⅱ　特高資料による（昭和一六年～昭和一七年）』（オンデマンド版）、新教出版社、二〇〇三年、九三頁。

32　前掲『戦時下のキリスト教運動Ⅱ』二二三頁。

33　同右、二二三頁。

34　現在入手できる各公判の記録は次のとおりである。

東京　「野中一魯男外三名に対する（耶蘇基督之新約教会関係）治安維持法違反被告事件判決――東京刑事地方裁判所報告」『思想月報』一〇三号（司法省刑事局、一九四三年、四五～五三頁）、「野中一魯男の起訴状」『愛知学院大学宗教法制研究所紀要』一四号（一九七二年、三〇二～三〇三頁）、「起訴事実通報（第六回）」昭和一七年五月一二日付（国会図書館憲政資料室・太田耐造関係文書所蔵〔請求番号一六二〕）

高知　「須賀寛助外六名に対する（耶蘇基督之新約教会関係）治安維持法違反被告事件判決――高知地検報告」『思想月報』九九号（司法省刑事局、一九四二年、一四六～一六二頁）

大審院　「並村総七に対する（高知耶蘇基督之新約教会関係）治安維持法違反被告事件大審院判決――大審院報告」『思想月報』一〇二号（司法省刑事局、一九四三年、六六～七二頁。判決理由は一部略）、「大審院刑事判例　治安維持法改正前ノ結社創設者ニ対スル改正後ノ擬律」『法律新聞』第四八四七号（一九四三年六月一日、三～六頁）、「並村総七の上告審判決」『愛知学院大学宗教法制研究所紀要』一四号（一九七二年、三〇四～三一二頁）

静岡　「太田敦太郎外四名に対する（静岡耶蘇基督之新約教会関係）治安維持法違反被告事件予審終結決定――静岡地方裁判所報告」『思想月報』一〇一号（司法省刑事局、一九四三年、四五～五二頁）

35　前掲『戦時下のキリスト教運動Ⅱ』二二三～二二四頁。

36　ただし、霜越は、日本基督教会大阪東教会牧師であった一九四〇年九月十日、「時局をも顧みず反戦、不敬及反国体的言説等を弄しつ、ありたる」ために検挙取り締まりを受けた。「本名は基督教盲信の余り奇矯不穏の思想信仰を抱懐するに至り、其の結果反国体的反国家的及不敬反戦等の言辞を為したる旨供述」し、大阪府当局は十一月八日に不敬罪被疑事件として検事局に送局した（前掲『戦時下のキリスト教運動Ⅰ』三一九頁）。そのことが霜越の本件の証言内容に至る思想形成に影響しているとも考えられよう。

37 岩崎誠哉『証人・霜越四郎氏の尋問調書』私家版、二〇一六年、八頁。
38 同右、三〇～三一頁。
39 争点は、改正治安維持法第七条が改正以前の結社に適用できるのかにあった。判決として、第七条は今回の改正で新設された規定であり、公布施行以前に完了していた既成事実、すなわち結社設立に対して効力を及ぼさないとされた。ただし、懲役二年、執行猶予五年は変更がなかった。
40 「大審院刑事判例　治安維持法改正前ノ結社創設者ニ対スル改正後ノ擬律」『法律新聞』第四八四七号、一九四三年六月一日、五頁。
41 岩崎前掲(二〇〇一年)、一一～一二頁、二二頁。
42 並村前掲(一九七九年)、一〇一頁。
43 鈴木貞男前掲、七〇～七一頁。岩崎前掲(二〇〇一年)、二一～二九頁。
44 長崎前掲、二三頁。
45 なお、鈴木貞男前掲書において、石浜みかるによって、第三回調書の日付の正確性が疑われている。寺尾が「今回の日支事変にしろ、大東亜戦争にしろ、各国々が神の真意を奉じて国を治めておれば現今のような戦争は起らなかったであらう」と答えているのに対し、「大東亜戦争」は十二月八日の日米開戦をもってその呼称が用いられるようになるためである。石浜は、尋問が始まったのは十一月三十日だが、調書が出来上がったのは十二月八日以後、あるいは四二年に入ってから、というように理解したほうがよいとしている（三三頁）。調書は通常一日ごとに一回分とされており、十二月以降の尋問が含まれているとはあまり考えられないが、これ以上正確なところはわからない。
46 なお、特高や検事による尋問では、よく知られているように、拷問や自白の強要が行われていた。また、調書を特高がでっち上げたということもあったようである。寺尾自身が当時の記録を残していないため、この尋問がいかなる様子で行われたかを知ることはできないが、前述したように、寺尾の人柄ゆえに丁寧な扱いがなされていたようであり、調書には寺尾による森派の信仰が表明されているとみてよいだろう。

47 岩崎前掲(二〇一六年)、二二三～二二四頁。

48 治安維持法第七条「国体ヲ否定シ又ハ神宮若ハ皇室ノ尊厳ヲ冒瀆スベキ事項ヲ流布スルコトヲ目的トシテ結社ヲ組織シタル者又ハ結社ノ役員其ノ他指導者タル任務ニ従事シタル者ハ無期又ハ四年以上ノ懲役ニ処シ情ヲ知リテ結社ニ加入シタル者又ハ結社ノ目的遂行ノ為ニスル行為ヲ為シタル者ハ一年以上ノ有期懲役ニ処ス」

いのちのことば社＊愛読者カード

本書をお買い上げいただき、ありがとうございました。
今後の出版企画の参考にさせていただきますので、
お手数ですが、ご記入の上、ご投函をお願いいたします。

書名

お買い上げの書店名

町
市　　　　　　　　　　書店

この本を何でお知りになりましたか。

1. 広告　いのちのことば、百万人の福音、クリスチャン新聞、成長、マナ、
信徒の友、キリスト新聞、その他（　　　　　　　　）
2. 書店で見て　3. 小社ホームページを見て　4. SNS（　　　　　）
5. 図書目録、パンフレットを見て　6. 人にすすめられて
7. 書評を見て（　　　　　　　　）　8. プレゼントされた
9. その他（　　　　　　　　）

この本についてのご感想。今後の小社出版物についてのご希望。

◆小社ホームページ、各種広告媒体などでご意見を匿名にて掲載させていただく場合がございます。

◆愛読者カードをお送り下さったことは（　ある　初めて　）
ご協力を感謝いたします。

郵便はがき

恐縮ですが
切手を
おはりください

164-0001

東京都中野区中野2-1-5

いのちのことば社

出版部行

ホームページアドレス　https://www.wlpm.or.jp/

お名前	フリガナ	性別	年齢	ご職業
		男・女		
ご住所	〒	Tel.　(　　)		
所属(教団)教会名		牧師　伝道師　役員 神学生　CS教師　信徒　求道中 その他 該当の欄を○で囲んで下さい。		

WEBで簡単「愛読者フォーム」はこちらから!
https://www.wlpm.or.jp/pub/rd
簡単な入力で書籍へのご感想を投稿いただけます。
新刊・イベント情報を受け取れる、メールマガジンのご登録もしていただけます!

ご記入いただきました情報は、貴重なご意見として、主に今後の出版計画の参考にさせていただきます。その他、「いのちのことば社個人情報保護方針（https://www.wlpm.or.jp/about/privacy_p/）」に基づく範囲内で、各案内の発送などに利用させていただくことがあります。

寺尾喜七　尋問調書

【資料一】第二回　尋問調書

昭和十六年十一月二十六日

司法警察官（特高）警部補・藤崎秀吉氏、岸本正喜巡査　立会の上、被疑者・寺尾喜七

第二回尋問調書より

其の許の指導して居る宗教結社の根本教理に就いて申し立てよ。

其の点に付いては割項目に分ちて申し上げたいと思います。

一　神観

二　聖書観

三　世界観

四　日本国家並びに制度に対する観方

五　神の道を伝道する究極の目的

六　右究極目的達成の方法その他

神とは如何なるものか。

私共の結社に於いて信仰する神とは「ヱホバ」又は「イエス・キリスト」とも申して居りま

すが、其の神の事を一口に申し上げますと、天地万物の創造主であると同時に現在の天地万物の運行者であり然も「三位一体」の神であり永遠より永遠に在し給う絶対者唯一の活ける真の神様であります。

天地万物の創造主とは、如何なる意味か。

其れは旧約聖書創世記第一章に「始めに神天地を創造し給へり云々」同二章に「かくして天と地と其の万象が完成した云々」新約聖書「ヨハネ」伝第一章第三節に「よろずの物此れによりて成り、成りたる物に一つとして之に由らず成りたるはなし」同「ヘブル」書第十一章第三節に「信仰によりて我等は諸々《モロモロ》の世界の神の言葉にて創られ見える物は、現れたる物より成らざるを悟る」とある如く宇宙の万物すべては、悉く《コトゴト》私共の信ずる神によりて造られたる物であり従って世界の各国も日本国もこれを造り給ひしは、私達の信ずる「イエス」の神様であります。

日本歴史によると国をお造りになったのは、「イザナギ」「イザナミ」の尊《ミコト》二柱の神であり高《タカ》天原《マガハラ》と云う天界に居られた天照大神が皇孫「ニニギ〔ニ〕の尊《ミコト》に御神勅を下し賜うて地上の我国に御降臨されたと云う事があり、此の神話は、日本国民の確信になって居るが、其の許の只今の申し立てと異りはせんか。

日本歴史に、如何様な事があっても、聖書と矛盾した点は、全然信ずる事は出来ず、「イザナギ」「イザナミ」の尊《ミコト》の事は、勿論、天照大神が高天原《タカマガハラ》と云う天界に居られて、御孫に当る神様を日本の国に使はし国を治めさせられる様になったと云う事は、聖書に示してある事と根本的に違いますので、之を信ずる事は、出来ません。

天地万物の運行者であると云う事は、如何なる事か。

夫《〔そ〕》れは、創世記第一章二十八節以下に、「神彼らを祝し云われた。生めよ増えよ地に満てよ地を従わせよ、又海の魚と空の鳥と地に動くすべての生物とを治めよ」云々　黙示録第四章十一節に、「我らの主なる神よ、栄光と尊崇《トウトキ》と能力《チカラ》とを受け給うは宜《ムベ》なり。汝は万物を造り給い万物は御意《ミココロ》によりて存し且つ造られたり。」とある如く神が過去、現在、未来の支配者であって、天地間の万物生命あるもの之に附随《フズイ》するすべての物を支配し給うて居ると云う事であります。それですから、地球上に各国家があり、それに各々国王がある事は認めますが、其の国王が人民を支配するのは、物体上の問題であって魂は、国王も人民同様最高支配者たる「イエス」の神の支配を受けて居るものであります。此の点我が国の天皇陛下と国民の関係も同様であり、又物体上の支配についても、ロマ書十三章一節に「すべての人、上にある権威に従うべし、そわ　神によらぬ権威なく、あらゆる権威は神によりて定めらる云々　この故に権威に逆らう者は、神意にもとるなり〔」〕と示されて居り、ペテロ前書二章十三節にも、〔「〕汝ら主の為に、すべて人のたてたる制度に従へ、或は上にある王、或は悪を行う者を罰し善を行う者を賞せん為に、王より遣はされたる司に従へ」とある如く王並に権力者司等の支配は、絶対的な物でなく、すべて神より出たるものであり、此の関係は日本の国に於ても同様でありまして、私共の物体は一応天皇陛下の統治を受けて居るのであります。けれども統治の元が、神より出て居ると共に、我々人間の肉体と霊とは、生きて居るうちは、切り離す事は出来ず、肉体は常に魂の支配を受けて居ります関係で我々共が、天皇陛下の統治に服するといっても、自ら限度があり、其の御方針と聖書に示されてある御聖旨とが異なる様な場合は、私共は魂の問題のみならず、たとへ肉体上の事であっても、天皇陛下の命令には服すると云う訳には行かず、期様《ママ》〔斯様〕な場合如何に厳重な処分を受け様とも、それは神より祝福さるべき事であると、信じ喜んで罪に服し、絶対的な神の命に服すべきであると確信して居り、此の事は、今回の事件に付いても同様に考へて居ります。それですので、日本の将来国家の発展の為に、私共の信仰する神を伝導する事は、許可されないと云う制度を国家が立てられましても、絶対的に神を信仰すると云う事は、私の進むべき根本の道であって、此の神の道を伝導する事を禁止する制度の間違である事は、勿論当然で神の御聖旨に反する事だと、堅く信じて居り期様《ママ》〔斯様〕な場合は「イエスキリスト」同様な十字架にかゝって神の祝福を受けるのであります。

三位一体の神とは如何なる事を云うか。

　簡単に申し上げますと、「イエス」の神の御神格が三つあって然も、根本は唯一の神であると云う事であり、三位とは、父なる神、子なる神、聖霊の事であります。

父なる神とは、霊なる神であって私共を愛し給う故に私共の罪を許して潔き正しき行ないをさす為に独り子である「イエス・キリスト」を此の世につかわし十字架の贖《アガナ》いを持って神を信ずる者に罪の許しを与へると云う事を約束された神である。

子なる神とは、「イエス・キリスト」であって、処女《オトメ》「マリヤ」が神の御聖旨によってみごもり、肉体となって此の世に現れた神であり、此の世へ父なる神の御意《ミココロ》を現はし又神の子たる事を示し、人々をして神に仕へる道を教へる為に生れた方でありまして、私共の罪、全部の罪を贖《アガナ》い十字架にかゝって天に昇られた神であります。故に「イエス」を信ずる者は、それまでの一切の罪を許され、「イエス」を信じない人々は神より罪を許されないのであります。神につくられた人間の多くが、神を信ぜず罪人となって現在の様な罪の国家社会をつくって居ると云うのは、其れらの人々の悉《コトゴト》くが悪魔に誘惑され、その誘惑より、神の道を知らぬ為であります。信者　肉体から離れた霊、即ち魂は、父なる神のいます天国に昇ります。生存中は魂も肉体と共に罪の世に在ります。けれど人間は霊が主で肉体は従である関係上いくら肉体が悪魔に苦しめられても魂が苦しみを受けると云う事はなく、私共の霊は神を信ずる事によりいかなる苦しみを受け様とも全く天国にいる気持を続ける事が出来るのであります。

聖霊とは、神の御意を人間に現わし人間を神様に導く神であって、私が洗礼を受けたのも此の神の導きによるものであり、教会の伝導者は伝導者個人の考へで伝導して居るものでなく、此の聖霊の神の導きにより、神の御意を心として信者並に求道者に対し、伝道の手を差し伸べるのであります。期様《ママ》〔斯様〕な神格の三位は、同位、同等、同格であって互に相関係して居

る事は勿論本来は、唯一の神でありまして、此れらを称して三位一体の神と申すのでありま
す。

此の世は、悪魔の誘惑によって居ると云うが、悪魔とは如何なるものか。

悪魔は、神と同じく肉体をそなへて居らず霊なる物であります。神ではなく元々天の使として作られた物でありますが、傲慢《ゴウマン》な為、神に作られて居る身分にも拘《カヽワ》らず、神に従わず命に叛《ソム》いてあらゆる権威、権力を支配せんとして居る物であります。其れ故神は人間に対しては、常に愛の手を差し伸べて神を信ずる事により、罪を赦される事を約束なされて居りますが、悪魔は、神に背ける罪（聖霊を汚す）は、永遠に赦される事はありませぬ。神の最後の審判の時には、其の霊は永遠の苦しみを受ける事を神より約束されて居ります。其の事は、悪魔も之を承知して居りますので、尚益々神に反抗して信者、未信者の区別なく、常に誘惑して自分の支配に置こうとして居るのであります。すべての信者は、常に悪魔の霊と闘って居ります。

霊とか魂とか云うが如何なるものなりや。

霊とか魂とか云う事に付いては、私共の宗教結社で度々使われる言葉であって、私は森先生より聴かされ又聖書によって学ばされて居りますが、魂とか霊とかと云う事は、いづれも同じ意味で生命ある人間の意思を決定する力であり、生命其の物であります。そして神の如くに形

なく人の眼には見えぬ物であります。然して人間は霊と肉体とより成って居り、故に生命ある人間の肉体には、必ず霊魂が宿って居ると共に此の肉体に宿れる霊魂が人間の日常のすべてを支配し指揮して居るものであり、肉体的人間の日常の活動の善悪を判断し而も其の活動を命じ之を支配する所の根本力であります。私共人間が神の許しを得て生きて居る間は霊と肉とは、必ず一体となって居るのであります。然し此の霊魂は聖霊を通して絶えず神と交わって相通ずる事の出来るものであります。故に私共信者の起居動作すべては、神の命によって支配されて居るのであります。尚旧約聖書創世記第二章七節には魂の事につき「ヱホバ神、土の塵をもて人を造り命の息を其の鼻に吹き入れ給へり、人即ち生霊《イキルモノ》となりぬ。」期《ママ》〔斯〕くして人は生きる物として、造られました。然し神の御用を果たし、召により魂は肉体から離れます。肉体は元の土と水とに還元致しますが、魂は信者、未信者の区別なく永遠不滅信ずる者は、生命に復活し信ぜぬ者は「ゲヘナ〔」〕の裁きを受けねばならぬのであります。

永遠より永遠に在《イマ》し給ひ絶対に亡びない唯一の活ける神に付きて詳しく述べよ。

私共の結社で信ずる「イエス」の神とは、初めなき終りなき永遠に亡びない然も世界に唯一の全智、全能、全愛、至善、至美、最高至上絶対の活ける真の神の事であり、此の「イエス」の神以外に世界中何処にも神はありません。

それでは、我国の伊勢皇大神宮、橿原神宮、明治神宮その他の神々は、如何なる物なりや。

私共の信じて居る神は世界で唯一全智全能絶対至上の神でありますから故に、我国に於いて天皇陛下を始め一般国民が尊敬して居る伊勢大神宮始め其の他の神々一切は、信ずる事は出来ません。伊勢大神宮は天皇陛下の御先祖である　天照大神を祀り、橿原神宮は神武天皇を祀り、明治神宮は明治天皇の霊を祀ってある物として陛下を初め一般国民より尊敬して居り、又我国の制度として之を尊敬せねばならぬと云う事は、万々承知致しては居りますが、私共イエスの神を信ずる我ら結社の者は神々と云えども人であります。人は神になる事は出来ません。主「イエス・キリスト」こそ神の神たる事を確信するものであります。

裁き　世界唯一の神の最後の審判があります。「イエス」の神を信じ、神の道を歩まれた方でないと承知致して居りますので、神の審判の場合は私等と同じく其の裁きを受け且つ我々信者と異なり、神の救いを受ける事は出来ないものであると云う風に思って居ります。それですから、伊勢、明治、橿原の神宮として祭祀してあるといっても、只の建築物、即ち偶像であり私共結社の者から言わしますれば、神宮をはじめ神々は勿論の事一般国民、魂の何物でもない只の建築物を神として礼拝尊敬して居るものと信じて居ります。「イエス」以外の神を信ずるは偶像礼拝であって神は堅く禁じて居ります。此の事に付いて説教、其の他あらゆる機会に信者、求道者に神社仏閣に礼拝するは、神への反逆者であると云う風に堅く之を禁じて居る次第であります。

では只今申した偶像礼拝に付いて申し立てよ。

此の事は新旧約聖書の処々に示されて居り又私共の指導して居る結社に於いて、神を信ずる為の根本教理をなして居るものであります。偶像礼拝は、許されぬ根本理由は、旧約聖書十戒の内に「汝ら我の外何物をも神とすべからず、汝己れの為に何の偶像をも彫むべからず《ママ》」上は天にあるもの、下は地にあるもの並びに地の下の水の中にあるもの丶何の形状をも作るべからず、之を拝むべからず、これに仕うべからず、我「ヱホバ」汝の神は嫉《ネタ》む神なれば我をにくむ者に向ひては、父の罪を子に報いて三、四代に及ぼし、我を愛し我が誡命《イマシメ》を守るものには恩恵を施して千代に至るなり云々」　使徒行伝第七章四十八節以下に　至高者《イトタカキモノ》は手にて造れる所に住み給はず、即ち予言者の「主のたまわく、天は我が座位《クライ》、地は我が足台なり。汝らわが為に如何なる家をか建てん。わが休息のところは何処なるぞ。わが手は凡《スベ》て此等の物を造りしにあらずや」と云へるが如し。右の様に神は造物《ツクリ》主である故に人の造った家には住まないと教へられてあり、私共の指導する結社は三位一体の神の外には、神は無いと確信し又伝道して居る次第であります。上は神宮より下は神々神社仏閣には霊の在す処でなく只の建築物であります。従って少しも尊厳を感ぜず、崇敬の対象となるものでないと致して居ります。私初め結社の指導して居ります者は、偶像礼拝は悪魔の誘惑によりて神の霊は勿論の事、人の魂さへも宿って居らない建築物を神として誤り、信じて礼拝して居るのであります。仮《〔たと〕》え悪魔の誘惑とは云え神の御意志に反した罪の行いをして居るものとして居ります。最近時局が難かしくなって以来町内会や、其の他の団体行事で皇居並に神宮遥拝等を命令的にやらされる場合があります。我々は、成る可く社会との問題を避ける考へで斯《カ》る会合の席へは出席せぬ事に致して居りますが、万やむを得ず出席の場合は、皇居並に神宮遥拝、出征将兵の武運長久祈願等の時は表面的には、一般国民同様形式を整へ遥拝並びに武運長久の祈願をする如く致しますけれども皇居遥拝の場合、天皇陛下と遠く離れた処で最敬礼をしても精神が通ずるものでなく無駄な事だと思って居り、斯様な形式をすることは、神の戒《イマシメ》に叛《ソム》きますので心からいたしません。単に制度に従って形式上頭を下げるというだけのものであります。神宮遥拝は偶像礼拝に当りますので皇居遥拝と同じく心から礼拝は致しません。武運長久の場合は、「イエス」の神に祈るという方法をとって偶像礼拝は絶対に避けて居ります。

皇居並びに神宮遥拝の場合一般人と同様表面上形式を整へる事態は、仮《〔たと〕》え心から礼拝をしないとしても表面礼拝であり、それが即ち偶像礼拝ではないか。

私は宗教結社の指導者として信者並びに求道者に偶像礼拝は神への反叛だと堅く之を戒《イマシメ》めて居ります。仮《タト》え心からの礼拝でなく形式だけであっても偶像礼拝に紛《マギ》らわしい事は、極力避ける為に、原則として斯様な国家の会合には、出席せぬ事にして居りますが、万一出席した場合表面　形《カタチ》を整えますので誤解を受けるやも知れませんが、魂をこめてやっておらず社会問題を避ける為に、唯形式上だけの事をして居るのであって真の礼拝は致しません。

国の制度として建てた会合に出席せず、神社に心から礼拝しないと云う事は国家の方針に悖《モト》り社会の秩序を乱だす事になりはせぬか。

偶像礼拝に紛らわしい形式上の皇居遥拝並びに神社参拝をも極力避けるが為に町内会等に出席いたしません。又神宮神社に参拝しないのは、何等尊敬の念がありません。国家会合の場合遥拝の命令があって、其の形式に従わぬと云う事は社会問題が起きる為、単に表面上の行ひをするに過ぎないのであります。之は国家の方針にもとり秩序を乱す事になりますけれども、たゞ秩序を守る為に真の神への反叛をなす事は信者の道ではありません。神を信仰する為に根本教理と矛盾を来す様な場合に国の制度を乱す事で私等が処罰される事があっても、それは神の教へるが如く人間「イエス」が十字架にかゝった道を、歩むものとして神の喜び給う事と信じています。

十字架を負うと云う事は如何なる事か。

十字架を負うと云う事は、肉体の人間が此の世にあって神の命に絶対無條件に従う事であります。私共信者が信仰に歩む時は、必ず起る事柄であります。神より命ぜられた使命は、千差万別であり其の歩みも十人十色であります。主「イエスキリスト」の言葉　マタイ伝第十章三十八節同じく第十六章二十一節より二十五節まで「汝ら己を捨て日々己が十字架を負いて我に従へ」云々　と云う事を聖書に示されて居ります。其の十字架は神の子「イエス・キリスト」によって悉《コトゴト》く顕《アラ》わされ我々信者に手本を示して呉れて居ります。神は太古に後の世に人々に信仰を与えんが為に「メシヤ」の生れる事を予言者並びに祭司を通して予言せられました。太古には山の幸、野の幸、海の幸を神に捧げた時代もありました。燔祭罪祭をもて神と和《ヤワ》らいだ時代もありました。でも神は「我は造物主《ツクリ》である我には乏しい事がない山、野、海の幸を求めず燔祭を喜ばず、我の求めるものは悔いくづれほれた魂、即ち信仰を嘉《ヨ》みする」と「モーセ」の律法も人の救ひを、完うする事が出来なかったのであります。過ぎ越し、「モーセ」によって「イスラエル」の大群が「エジブ《ママ》〔プ〕ト」を脱出した最後の晩の事カモイに羊の血を塗った家は〝過ぎ越された〟即ち脱出に成功しました。その血とは後の「イエス」の十字架の血の型であり予言であります。過ぎ越された民は肉の救を得ました。十字架の血の贖《アガ》なわれた者、信者は霊の救を得ました。「イエス」は「ガリラヤ」の「ナザレ」に誕生しました。当時の「ナザレ」は差別せられていた村里でした。しかも貧乏大工の子として、以上はユダヤ人の大いなる躓《ツマヅ》きの理由でありました。神の子である事の証《アカシ》の為にあらゆる奇蹟を行ひました。此の「イエス」に躓《ツマヅ》きました。それは己を神と等しいものとした事、安息日を守らぬ故に神にあらず「ベルゼブル」として当時の学者（聖書）長老祭司長パリサイ人等々神の選民（信者）によって十字架の刑に処せられました。然し三日目に復活し四十日間弟子達の信仰をかたくし後彼らの見るがうちに天に昇られたのであります。人類が最初より神の前に犯した罪を贖《アガナ》う為の十字架こそ父なる神の御聖旨であり神の予言が完うせられました。奇蹟の「イエス」には群集は群がりましたが、魂の救いの十字架には誰一人使徒すら従う者がありませんでした。彼ら使徒たちには肉の思いが多分に存していたからであります。使徒たちは、復活のイエスより聖霊を与えられて別人の如く変り十字架の真理に歩む様になったのであります。現在私共が十字架を負わねばならぬ事は当然であります。神は私共を聖き完き者として生命を与えんが為に、十字架の道を与え給ふものであります。それで私共は神を信じ神の御旨に従ひ十字架を負い正しき道を歩む確信であります。

その許の信仰する神と其の許の関係して居る「イエスキリスト」新約結社とは如何なる関係ありや。

密接不可分の関係にあり、天と地と別れて居りますが、聖霊の絶へざる働きにより神の御心は教会に満ち満ちて居るのであります。私共の教会結社で行う事は、之を言ひ替へれば神の行ない業であると云う事が出来ると信じて居ります。エペソ書第五章二十三節より三十二節に人に譬《タト》えて言えば、「キリスト」が教会の頭であり、体が教会であると云う事や、又これを夫婦の関係に譬《たと》えて云えば、夫が「キリスト」であり妻が教会であると明かにして居ります。「キリスト」は教会を潔める為に、十字架にかゝった事であって教会は「イエスキリスト」に絶対に服従すべきものでありますから、「キリスト」の神は聖書を通じて私共の教会結社に神の御旨を正しく伝えているのでありまして、私共教会の行ないが取りも直さず「イエス」の神の行ないであると信じて居ります。

聖書とは如何なるものか。

聖書は新約聖書と旧約聖書とより成って居ります。旧約聖書は神の子「イエス・キリスト」

が此の世に生れる以前の創生《ママ》〔世〕記より「マラキ」書までの三十九巻ありまして、神が天地万物を創造せる事より始まり悪魔の誘惑による人類の祖「アダム」「エバ」が神に背きたる事及び、神が人類に与えたる十戒律法等を記録せる創生《ママ》〔世〕記以下神の選民たるユダヤ民族を神が導きたる歴史、父なる神の子「イエスキリスト」が救世主として出現する事及び、其の十字架の予言其の他を収録せる物であります。新約聖書は旧約聖書で予言された救世主「イエスキリスト」が神の子なる事を証する為の其の事跡と教示を記録した四つの福音書及び使従《ママ》〔徒〕たちの事跡や教示の手紙並びに使徒「ヨハネ」が「パトモス」の島で「イエス・キリスト」より受けた黙示を収録したものであります。新旧両約聖書を極総括的に申し上げますと、旧約の方は人間の肉的の救いが主となって居り、神を信ずる事の強きもの程、肉的な恵を深く受けて居る様に録されたものであり、新約の方は、神の子「イエス」が魂の救いを主とされて居り「イエス」の十字架を信ずる事の厚きもの程、譬《たと》え肉体的には苦しみを受けても其の魂は平安と悦びが充ち溢れる様に示されて居りますとの神の救いは結局に於て霊のみでもなく、肉のみでもなく、霊肉一致の救いでありますが故に、新旧両約聖書は相互に密接なる関係を有して居り、本来は全部一まとめにして取り扱うべき性質のものであります。新旧約聖書の全部が神「ヱホバ」の御言葉である事は、テモテ後書第三章十五節以下に誌されてある通りであります。神が与え神の導き即ち聖霊によって御聖旨を啓示した絶対真理書であります。

其の許は聖書に対して如何なる気持を持って居り、又如何なる態度で接し居るや。

旧約聖書には、エホバの御言葉新約聖書には神の子「イエスキリスト」の御言葉を記録されて居り私共が神を信仰する為の〔真理書〕※である事を確信致して居りますので、入信以来此の聖書に接するには、神を畏れて全く肉の思ひ（私心）を断ち潔き心で神の御心に接し、其の教示を受ける事を最大の幸福として居るものであります。此の神の御教示を実行するに付きましては、ヨハネ黙示録第二十二章十八節以下に示せる如く聖書に示せる其の侭〔まま〕の事を、其の侭〔まま〕に実行すべきであって勝手に之に加へたり、省いたり、又処生上都合の良い様に加減の解釈をする事は神への反逆であると堅く信じて居りますので、私は入信以来三十有余年間聖書にある事以外は何事も顧慮せず只管《ヒタスラ》聖書に親しみ以って神の御教を深く体し真直にあゆむ事によって神よりの救いを受ける事を最高の幸福と確信して居る次第であります。

※原本では三文字分空白となっている。岩崎誠哉『寺尾喜七の尋問調書』（私家版、二〇一六年）で挿入されている文字を〔　〕で補った。七七頁四行目〔ものか、〕も同様。

【資料二】第三回　尋問調書

昭和十六年十一月三十日

高知警察署に於いて藤崎、岸本両氏、立会ひの上にて

第三回尋問調書より

世界観は如何。

天地万物は私共の信仰する最高、至上、絶対の「ヱホバ」の神の創造したるものであり神の御支配をうけて存して居るのであります。神に反逆するものとして永遠に見放されたる悪魔は人間の祖「アダム」「エバ」を誘惑によって、神より引き放し自分の支配下に置く事に成功して以来今日まで人類を誘惑して、神に対して反逆を続けて居るものであります。現在の世界各国の社会制度は、何づれも悪魔の支配下にあり、従って各国統治者も神の命による正当な統治者でない事は当然であります。創世記一章によりますと、神は「アダム」と「エバ」の夫婦を創りエデンの園に住まわせました。神は「アダム」に命じて園の凡て〔すべ〕の木の実は食うべし、但し善悪を知る木の実のみは食うべからずと、戒を受けて居りました。所が妻「エバ」が悪魔の誘惑に陥り善悪の木の実を自分で先づ食し、更にそれを夫「アダム」にも食わしたのであります。斯様にして神に背きたる罪の故に、神から「汝ら産みの苦しみをすべし、額《ヒタイ》に汗して食を

得べし、汝ら土より成りたるものなれば、土に帰るべし」（即ち死である）と宣告せられて、「エデン」の園から追放せられました。その罪の子孫は引き続き悪魔の誘惑を受けて、次第に地球上に拡ったのであります。その後年を経て「ノア」の時に及びました。地上には罪悪が満ち満ちました。神は大洪水をもってすべての人間を亡ぼしましたが、神を信ずる「ノア」一家八人だけは、箱舟によって其の難を免れました。人類は此の「ノア」一家より再び繁殖致しました。又々悪魔は此れらの人類を誘惑して、神より引き離し、其の支配下に置こうと致しました。当時人々は、高い塔を建てる計画を致しましたが、神の許す所とならず神は人の言葉を幾通りにも別けて各々に通じない様にして、地球上の各地に分散追放されたのであります。神より各地に追放せられた人類は、悪魔の誘惑の侭《〔まま〕》に、神の心より離れ所々で、集団国家をなし智慧と実力を具《〔そな〕》えたものが、自ら制服《ママ》〔征服〕して王となり、統治の制度を定めたものでありますので、各統治者は何等神の直接命による正当な支配者でなく、悪魔の誘惑によって神の御旨に背きたる政治を致して居りますが故に、神の摂理と其の試練を受けて人類国家は常に不安と動揺の歴史を繰り返して、今日の如き行き詰りの状態を来して居るのであります。此の事は我が日本国も同様昔より神意に背いた統治が行われて居ります。現在我が国の天皇陛下並びに其の御先祖及び統治を受けて居る国民と其の祖先は同じく「ノア」であり「アダム」であり、其の子孫が何時の時代かに我が島国に渡来して来て、集団民族の内実力と智慧とを以って、我々国民の祖先を征服支配下に於いて、最初の統治者となって以来今日まで統治を続けられて居るものと確信して居ります。斯様に天皇陛下の御先祖が神の御意思に反して、我が国民の祖先を征服して以来歴代の天皇は、悪魔の誘惑によって神意に反した統治を行って居るが故に、神は絶えず天変地変その他の警告を与えて居るのであり、神が将来最後の審判をされる場合には、我が国も世界各国と同様永遠に撃滅破壊されるものであると、確信して居る次第であります。

此の世を支配して居ると云う悪魔を神は除き「アダム」以来の人類を直接支配せざるや如何。

神が悪魔の存在を許してあると云う事は、神の非常なる摂理によるものであります。神の全能を以ってすれば、悪魔を破滅する事はいと易い事であります。

悪魔をその侭《〔まま〕》にしてある理由

先づ第一に神の義の表われん為であり（卑近な例を以ってしますれば、人間に病気がなく死と云う事がなかったらどうなりますか。凡《〔すべ〕》ての人間が富み栄え栄華を極めた社会が果たして幸福であらうか）人間に信仰を与えんが為であります。一対一では人は悪魔に勝つ事が出来ません。神によらなければ、即ち信仰であります。ロマ書第五章十二節　それ一人の人によりて罪は世に入り、又罪によりて死は世に入り、凡《〔すべ〕》ての人、罪を犯せし故に死は凡《〔すべ〕》ての人に及べり。律法の来たる前にも、罪は世にありき、然れど律法なくば罪は認めらるゝ事なし。然るに「アダム〔一〕より「モーセ」に至る迄、「アダム」のとがと等しき罪を犯さぬ者の上にも死は王たりき。「アダム」は来たらんとする者の型なり。録して「義人なし、一人だになし、聡き者なく神を求むる者なし、善をなす者なし、一人だになし、彼等の咽《ノド》は開きたる墓なり、舌には詭計《タバカリ》あり、口唇《クチビル》の中には蝮《マムシ》の毒あり、其の口はのろいと苦《ニガキ》とにて満つ。其の足は血を流すに速し、彼等は平和の道を知らず神をおそれる畏《オソレ》なし」と、又録して「義人は信仰によりて生くべし」とあり、「アブラハム」神《ママ》を信ず、其の信仰を義と認められたり」とあり、「アブラハム」は信仰の父信ずる者の初穂となりました。「パウロ」も「我等の主イエスを死人の中より甦えらせ給ひし者を信ずる我等も、其の信仰を義と認められん。主は我等の罪の為に渡され、我等の義とせられん為に甦えらせられ給えり」と云って居ります。盗む勿《なか》れと云う律法によって、盗みの罪たるを知ります。姦淫する勿《なか》れと云う戒めによりて姦淫の罪である事を悟る如くに善の善たる事は、悪のある事によってあらわであります。罪の罪たるを知る事により、神の義の表われん為に、又人類に其の奥義を知らしめ悟らせん為に悪魔の存在を許してあるものであります。即ち十字架の予言を完うする為の神の偉大なる御計画であります。以上の様に神を信ずる者は生命に甦り悪魔に従う者は永遠の刑罰亡びに処せられる事は明確であります。

日本の国体に就いて中立てよ。
国体観につきて国民との根本相違点は如何。

私共は日本の国体を観るにも、又国家の諸法律制度を観るにも、凡《すべ》ては神の示せる絶対真理である聖書を基本として観て居るのであって、前に詳しく申し上げました世界観に立脚して、我が国体が如何なるものかを、検討するのであります。凡《すべ》ては聖書によりまして神の聖旨と予《ママ》〔矛〕盾する事は、如何なる事でも認める訳にはゆかないのであって、普通一般国民の信じて居る事柄と、私共信者の確信とは、根本的に相違して居ります。人間は神によって造られ、其

点であります。

り、又天皇を神として崇め、国家の凡《すべ》てのもの悉《ことごと》くは、此の天皇の支配下にあると観て居るるにも拘らず、一般国民の方々は神を信ぜず、神に造られた人間を神なりと誤信して神々を造の集団が国家を成し、統治者によって統治せられて居ります。何《いず》れも神の支配下にある者であ

日本国家の歴史は如何に。

我が日本国は太古に於いて、「イザナギ」「イザナミ」の尊がアマノヌホコで大八洲を拡き混ぜて造ったと歴史にあります。天照大神と云う神様が、高天原と云う天界に居られた事など信じて居りません。其の神の血筋を受けた方で智慧と実力を与えられた神武天皇と云う方が、我が島国を征服支配して以来、其の御子孫である歴代天皇が皇位につかれて権力的統治を行われ、現在の天皇に及んで居るものであります。我が日本民族も他民族同様悪魔の誘惑により、神より追放せられた人類の祖「アダム」と「エバ」の子孫であります。人類が我が島国へ渡来の沿革は知りませんが、人である神武天皇は神の御聖旨を奉じて国を建てられたものに非らず、悪魔の誘惑による罪の国家を建てられたものであります。其の後歴代天皇は皇位を継がれ我が国を御統治されて居ります。神の御計画による最後の審判の場合は、国の領土も国民も又人である歴代天皇も、「イエス」の神に義とせられざる限り、凡《すべ》ての悉《ことごと》くが神の為に撃滅一掃され、其の霊は永遠に救われざるものとなり、苦しみを受けるものであると信ずる次第であります。

帝国の統治権の総攬《そうらん》者は如何に。

神武天皇以来歴代の天皇の統治は、神の御聖旨に反する表面上の権力的統治であって、人間（霊肉）の統治権総攬《そうらん》者は天皇陛下では無く、最高絶対の私共の信ずる「イエス」の神であります。ロマ書第十三章一節以下に「凡《すべ》ての人上にある権威に従うべし。そは神によらぬ権威なく、あらゆる権威は、神によりて立てらる。此の故に権威に逆らう者は、神の定めに悖《もと》るなり」と、又録して「汝等主の為に凡《すべ》て人の立てたる制度に従え。或は上にある王、或は悪を行う者を罰し、善を行う者を賞せん為に王より遣されたる司に従へ。」云々とある如く、私共は神の命に絶対に服従する為に、天皇の権力的命令並びに国家の制度に従う事を原則と致して居るのであります。然れども人間の霊は、世界いづれの国人も皆一様に神が支配する所であります。従って我が日本国民の精神を統治する事は、天皇陛下の統治外であります。肉体は霊の支配を受けて居る関係上、国民の意思と其の魂が支配する肉体的活動とは、切り離す事が出来ないのであって、信仰の根本問題である神を信仰するに付いて、予《ママ》〔矛〕盾をきたす様な場合は、譬《たと》えそれが天皇の権力的統治部面に属する肉体的活動の事であっても、それに服する事は聖徒として実行の出来ない事柄であります。天皇の統治は精神上の問題を徐《ママ》〔除〕外しての事でありますと共に、権力的統治と云えども神に従う為に服従するのでありますので、神の御聖旨に反して迄も、之に服従する事は出来ないのであります。天皇及びその政府が権力的命令で以って、私共の信仰を阻止する様な場合があっても、斯様な命令に服従する訳にはゆきません。その時その場合は、「イエスキリスト」の十字架を信じて悪魔の誘惑による権力的迫害の前に肉体を殺して霊に生きる決心であります。我が皇位が万世一系である事に付いては、私共聖書による者には、別に関心を持って居りません。此の皇位国体に付いての将来は支配される〔ものか、〕我々人間の知る事の出来ない事柄であります。形あるものは、滅すとは万古の哲理であります。二度ある事は、三度あると云ひ伝えて居ります。悪魔の誘惑による罪に対し、神の御手は先に「ソドム」「ゴモラ」に現《アラワ》し、ノアの事件を通じて、神の御旨を下する事が出来ます。神の怒りの御手が下さるゝ時、人間は申すに及ばず国体も制度も、人なる天皇も、他のすべてのものと共に撃滅され、その霊は神に於いて義とせられざる限り、未信者及び悪魔の霊と同様、永遠の苦しみを受け、天国へ行く事は出来ないと信じて居ります。

天皇は神聖なりや。

我が日本では、天皇を現人神《あらひとがみ》として神格化し神聖であるとして居りますが、真実の所、天皇陛下は人間であります。人を神聖なる神として尊敬する訳にはゆかないのであります。私共信者も日本国民として、天皇陛下の統治の許で生命財産の保護を受けて居る者として敬意を表して居ります。それかと云って、人間「エバ」の子孫である天皇を唯一絶対の神と同じく、神聖にして他の何物にも侵されない至上の方であると、神格化する訳には、断じてゆかないのであります。それは再三申し上げた通り、神の支配は絶対的であり、天皇の支配は第二義的であると、確信するからであります。

御真影に礼拝なし居るや。

御真影は、天皇陛下の御写真であり、従って生命のないたゞの影であります。之を礼拝する事は、偶像礼拝であり、又之に敬意を表する事は真理にかないませんので、今日まで神の戒を守って礼拝は勿論敬意を表する為に敬礼を行った事は一度もありません。私は四人の子供を学校へ通学させた当時も、元日、紀元節、天長節その他の式日には、休校させて御真影に敬意を表する事を禁止致しました。尚他の信者教会人にも話をした事を記憶して居ります。

国旗に対しては如何。

国旗は神を信仰する上に於ては、何等の関係のないものであります。国の制度として、国を代表するものとしてあり、祝祭日には、之を掲げる事になって居る事は承知して居りますが、祭日に此れを掲げる事は偶像に関係する事として、最近まで此れを掲げませんでしたが、之を掲げないと市役所、町内会その他から喧《やかま》しく言ひ出しましたので、世間との衝突を避ける為、制度に従うと謂う意味で掲げて居りますが、之には精神をこめて居らず、私共の祭日に対する考へとしては、事変前の掲げなかった時と同様である事は申すまでもありません。

法律制度は如何。

我が国の法律制度は、悪魔の誘惑による、天皇及び国が制定したものであって、神の御聖旨に反するものが、多くある事は申す迄もありませんが、私共の生活を保護して下さる法律制度には、大局的には従うものであります。但し無條件に法律を守り、犯さないと云う意味ではなく、其の法律の精神と、神の御聖旨が矛盾する場合は、私共信者は聖書にある神の命令を絶対真理であるとして、服従実行致します。其れが為に、その行動が国家の法律制度に触れるとすれば、触れるが侭に、〔まま〕抵抗せずして潔く柔順に、その権力的制裁を受くると云うのが、神の命ずる国の建てたる制度に従うと云う事であり、神の最後の審判の場合に於いては、義とせらるゝ事であると信じて居りますので、かゝる場合は私共は「キリスト」が十字架に罹《か》られたと同様喜んで、法律の制裁を受ける覚悟であります。斯様に神を信仰する事は、肉体を持つ人間にとっては、実に苦難な道であります。信者は此の苦難を神の試練として耐え凌ぐ決意であり、この決心をするが為に、洗礼を受ける際、魂の永遠の救を願って身命を神に捧げる誓約を致して居る次第であります。

国民の義務とは如何。

国民の義務としては、納税、徴兵、教育の三大義務があります。これらの義務も制度に従えと云う神の命令に服する為に、務めるものであって、究極する所、神に仕える為に此の義務を果して居る訳であります。

忠義とは如何。

私共は神に対して忠義とは申しませんが、時も宝もこの身も霊も神に捧げる義務と責任を第一義として居ります。教育勅語の内容は詳細に存じません。軍人に賜った勅諭は、軍隊生活当時は記憶して居りましたが、その一節に「軍人は忠節を重んずべし」と忠節と云う事に就いては、入信前はたゞ簡単に生命を惜しまず、天皇の為に尽すと云う様に考えて居りましたが、神を信仰する様になって以来現在では、忠節と云う事は、神意に反せぬ程度に於いて且つ、神の命令に服従する為に、天皇に仕える事であって、飽くまで神に尽くす忠義が、真の忠義であって天皇陛下に対するものは、第二義的であると考へて居ります。「主なる汝の神を愛し、唯これにのみ仕え奉るべし」と、聖書に誌されて居ります。

神の究極目的は如何。

森羅万象は神の業であります。凡《すべ》てのものは人の為に造られてあります。人は神の為に造られてあります。悪魔の誘惑によって罪が世に入りました。神は悪魔のなすが侭《まま》に任せて居る事も、人に自由を与えてある事も、凡《すべ》ては神の摂理によるものであります。前にも申し上げました様に、神の義の現れん為であります。「時は満てり、神の国は近づけり、汝ら悔改めて福音を信ぜよ」マルコ伝第一章の十五節　人に信仰を与えんが為、その信仰によって神の国が（天国）与えられるとの無言の神の予言であります。

神の究極目的達成方法如何。

神がその究極目的たる霊なる理想天国建設の為、今後之れが手段として神の予定せる時期到来せば、この現実的な世界を終りに至らしめる為、撃滅一掃されると共に、その際神再臨されて人類の霊を集めて、生前神に忠義を尽くせる者と否とを、区別して忠義を尽くせる人間の霊を義とされ、その霊と共に理想天国を建設されるのでありますが、此の世の終りに現実的社会を撃滅一掃される事に就いては、マタイ伝第二十四章二十九節以下に「これらの日の患難の後、直ちに日は暗く、月は光を発《ハナ》たず、星は空よりおち、天の万象ふるひ動かん。その時人の子の兆《シルシ》、天に現はれん。その時地上の諸族みな嘆き、かつ人の子のちからと大なる栄光とをもて、天の雲にのり来るを見ん。また彼は使たちを大なるラッパの声とともに遣さん。使たちは天の此の極より彼の極まで四方より選民を集めん」と　黙示録二十章十一節以下に「天も地も凡《すべ》てのものは、再臨せる「キリスト」の神の御前を逃れて跡だに見えなくなった」……と斯様に此の世が神より撃滅される時は、世界各国は勿論、日本国民はもとより天皇も撃滅されて悉《ことごと》くは私共の信仰する神の為に、破壊される事は申す迄もありません。「我また死にたる者の大なるも小なるも御座の前に立てるを見たり。数々のふみ展《ヒラ》かれ、他にまた一つの書ありて展かる。即ち生命の書なり。すべて生命の書に記されぬ者は、みな火の池に投げ入れられたり」と、義とされた信仰の者と、悪魔の誘惑により神を信仰せずして御旨に背きたる者との神の審判であります。　理想天国に就いては、黙示録第二十一章以下に「我また新しき天と新しき地とを見たり。……〔一〕同章第十一節「その都の光輝《カガヤキ》はいと貴き玉の如く、透徹《スキトホ》る碧玉の如し」とあり、二十三節には「都は日月《ジツゲツ》の照すを要せず、神の栄光がこれを照し羔羊《コヒツジ》（キリスト）が、その燈火である〔一〕と記録されて居るのであります。この理想天国を確信すると共に、現在の社会に於いても、この理想の天国に住んで居ると同様の精神を保つべく只管《〔ひたすら〕》神に仕えて居る次第であります。

尚この際根本教理に就いて、わが一般社会制度と異なる点あれば申立てよ。

私共結社の根本教理は、以上申し上げました様に、我が国体に反して是を認めないのは申すまでもありませんが、此の外根本教理の内、日本国家社会制度と相反する主なるものを申し上げますと、

一、戦時並びに時局観
一、安息日の厳守　一、病気の対処
一、結婚観　一、職業観等であります。

戦争並びに時局観は如何。

殺すなかれとは神の戒であります。悪魔の誘惑による人間には欲があります。欲を孕《ハラ》んで喧嘩となり、暴行となります。集団となって内乱となります。国と国との利害得失は戦争となります。悪魔による社会、国家には欲による暴行、戦争は止むを得ん事であります。神の摂理によるものであります。今回の日支事変にしろ、大東亜戦争にしろ各国々が神の真意を奉じて

国を治めて居れば現今の様な戦争は起らなかったであらう。従って国民が苦しみ、不安、動揺する様な事はないと思われます。神様からすればいづれも神を信ぜぬ罪の果の事であって勝ち負けは問題外であります。私は入信する以前、日露戦役に参加した事があります。戦争に参加して居る以上、沢山の敵を殺して勝たねばならぬと云う気持でした。それが為には何時戦死しても、名誉の事と覚悟を致して居りました。入信後は、戦争は罪悪なものとして、之に参加すべきでなく今後戦争が起れば結社と国家との間に相当重大な問題が起るではなからうかと心配致して居りました。第一次上海事変が発生して具体的な問題に行き当り、各長老の話し合いの結果、戦争は神の摂理として当然である、之に参加する事は神に仕える為に戒にある様に国の法律制度に従う事が、直ちに神の命に背く事でないと云う様な結論に至ったのであります。戦争に参加して人を殺すと云う事は私共信者各々の意思としては、絶対にとるべき態度ではありませんが、偶像礼拝の場合とは異なり、戦争で人を殺すのは相手国の人を憎んで殺すと云うのではなく、日本国民として国の制度に従うのみであり、神に仕える点から言って差し支えはありません。戦死する事も神の摂理によるものでありますれば、霊の救いを求めて居る私共信者と致しましては死は別に問題ではありません。斯様に今度の日支事変も、全能の神の摂理によるもので、私共信者にはいづれが勝つにせよ魂が救われる事には、別に問題は無いのであります。昭和十五年頃でしたかしら、信者の者数名が日本が勝つ為には如何に戦うかに付いて、論議いたして居りましたので、私は自分の考へとして「いづれの国が勝つにしても、我々信者の魂が救われる事については別に問題はなく我々は只管《ひたすら》神を信仰すればよいではないか………」と云う意味の事を宣べた事を記憶いたして居ります。

安息日については如何。

神が天地を創造するにあたり（創世記第二章）斯くして天と地と、その万象が完成した。神は第七日に、その作業を終えられた。神はその第七日を祝福して、之を聖なる日とされた。七日目は主の安息であるから、何の業もしてはならない。（出エジプト記第二十章）

右安息日は、神の戒であります。私共信者はこの日を厳守する義務と、責任があります。私共信者に与えられた恵の日であります。この安息日は、現在の日曜日に当りますので私共結社の者は、この日曜日を安息日、又は主の日として凡《すべ》ての業を休んで只管《ひたすら》神に仕えるべく心をもちゆるのであります。義務と責任を果す為には故障（物質的損失）もあります。たゞに業を休むだけでなく、悪魔の誘惑による罪の世の中と関係を絶つ為に、新聞を読むとか、ラジオを聴くとか其の他、現在社会一般の楽しみ事を見たり、聴いたりいたしません。勿論この日は仕事の事や商売の事を思うだにいたしません。安息日厳守の為物質上の損害を受ける事がありましても、それは甘受いたしますが、茲《ここ》に問題が起りました。徴兵検査日が安息日当日であった事です。神の教え通り安息日厳守の為に検査には不出席でした。斯様な事は昭和元年頃より同五年頃までの間に数回ありまして結社の中でも、相当問題になった事であります。私の当時これに対する指導方針は、軍隊へ入隊せぬ内は、一般人であり、我々信者は神に仕える為日曜日を安息日として守って来たのであります、事こそ変って居りましても、国家のあらゆる機関が日曜を休日として居ります。非常特別のない限り徴兵検査もこの国家制度に従ってしかるべきものであります。私は安息日厳守を第一義として徴兵検査不参加をよしとしました。戦争は罪悪であり、それに安息日を犯す事は、神の真意に反するは勿論、戒にも背く事であるから、たとえ国家の制度であっても日曜日の入営、出征は勿論戦争もすべきでないと云う考え方を致して居りました。その後第一次上海事変が発生して間もなく、松浦三男が召集され出征する事になりまして「安息日と戦争」と云う事が結社の中で直接問題となり、これ迄の考え方では直ちに、国家の制度と衝突を来たす事になりましたので、長老間に於いて聖書を中心に種々協議をいたしました結果、戦争に対する考え方同様、戦場で安息日を守らない事も、神の命ずる国家の制度に従うと云う立場から、日本国民である以上止むを得ぬ事があって、これが神の戒を破る事にならないと云う解決にいたりました。

病気に対しては如何。

人は神によって造られました。神「雀一羽だに神の許し、思召しがない限り地に落ちる事がない。」「我が名によりて求めよ、さらば与えられん。」私共の生活生存は神の憐れみによって保たれて居ります。立つも倒れるもすべて神の摂理によるものであります。されば罹病する事も、癒される事も神の御手の内にありますれば、神にお仕えして治すことが真理であり、その信仰を神様は喜ばれます。私には医者や、薬は不必要であります。然し医者にかゝると神に救われないと云う事はありません。私共結社内でも医薬を必要としない程度に信仰の厚い者が数名あります。信仰に徹した者には、医師や薬は不要でありますが、神を信じない人や、神の全智全能を確信するに至らない人には医者や、薬が必要であります。私は病気に罹った時には、如何様にして神の御聖旨に添うべきかと心をもちいて休養するのであります。私は二十年余り前、相当長い間病気に罹った事があります。その当時私が医師の手当を受けぬ事を心配して呉れた何人かの人々は、死亡いたしましたのに、医師に罹らなかった私が今日まで命を永らへて居るのは、これ全く神の摂理に依るものであると思って居ります。神は与えて下さる神であり、医《イヤ》して下さる神であり、守って下さる神であり、導いて下さる神であります。私には悟り得た奇跡あり又知らされない数々の奇跡で、今日まで保たれてきました。私にとって奇跡とは神の恩寵であります。私は外科医師の手当を受ける様な怪我をしても、又それが原因で死ぬる様な事があっても、神によって何の悔いもいたしません。私は長男幸一、二女春恵、四女清の死亡の時にも医薬による事を堅く退《シリゾ》けました。

結婚問題は如何。

妻たる者よ、主に服《したが》う如く己の夫に服《したが》へ、「キリスト」の教会の首《カシラ》なる如く、夫は妻の首《カシラ》なればなり。教会の「キリスト」に服《したが》ふ如く、妻も凡《すべ》ての事、夫に服《したが》へ、夫たる者よ、「キリスト」の教会を愛し、之がために己を捨て給ひし如く、汝らも妻を愛せよ。「人は父母を離れ、その妻に合ひて二人の者一体となるべし。」この奥義は大なりとあります。夫婦は共同生活でありません。神の前に誓約をたてゝ結ばれた夫婦一体であります。聖書には、〃人これを離すべからず〟とあります。私共結社では結婚行事はいと厳格であります。不信者と軛《クビキ》を同じうすな、釣合はぬなり、義と不義と何の干與《カカワリ》かあらん、光と暗と何の交際かあらん、「キリスト」と「ベリアル」と何の調和かあらん。信者と不信者と何の関係かあらん。神の宮と偶像と何の一致かあらんとあります。旧約での事々は、新約での事の型であります。旧約時代に於いて、「ユダヤ」の人々は、神の選民である誇りを持って居りました。彼らは神の祝福を受けていない異邦人とは、結婚は勿論、交際、交遊する事はいたしませんでした。霊を主とする新約では、前述の聖書に誌るされた数々から神を信じない不信者と一体となる事は、出来ないとする私共結社の信仰であります。

職業観は如何。

私共の職業も神に仕える為の職業であります故に、信仰上妨げを来たす様な場合は、他に転業するより外に仕方がありません。信仰上の妨げとなる職業として問題となりますのは、主として安息日の厳守に付いての事であります。安息日を犯さなければならない様な職業は、転業する建前をとって居ります。安息日に関係するだけでなく、信仰上妨げを来たす職業として、例えば官公吏や、軍人、教師などの職業は希望いたしません。信仰上妨げのない独立の商売、産業、労働とか現在の社会では、人々の下に立つ仕事が信者として支障がない様に信じて居る次第であります。

寺尾喜七の手記

信教の自由は許されて居るものの、私の信仰が我が国体にいられず、相反する信仰の行為をなし、その信仰を伝へた故を以って治安維持法違反として検挙せられ、御調べを受けて今日に至りました。私の信仰の行為が国家の政策と相反し、国家に不利益を来たすことは情に於いて、誠に忍び難いのでありますが、私は人生の帰趨《きすう》について、森勝四郎先生より解明をいたゞきそれより求道を始め神を知り信者となりました。信者となるにつけ、信仰を告白し神様に凡て〔すべ〕を捧げ仕へる事を誓い、三十四ヶ年間誓約の日々を守り過して来ました。森先生亡きあとは多くの人々に神を信じ、従うべき事を説いて来ました。今こゝに神様に対し、人に対して、神を離れ、信仰を捨てる気持になれませぬ。それも信仰が間違って居るということを悟りましたなれば、悔い改めて信仰を捨てますが、自分の信仰が間違って居ると思いません。人を見ますれば、悪しき様にみえましても、真に人を愛する途であると信ずることが心の中から離れませぬから、今の所、神を離れ、信仰を離れませぬから、神を捨てる気持になれませぬ。

我が国の律法制度に背きし信仰行為、並びにその道を多くの人に伝道した責任者でありますから重き刑に処せられ度く、老年の事でありますから社会へ出ることもありますまいと思います。もし社会へ出るようなことがありましても、御許しのない限り、他人には伝道いたしません。たゞ救を完うする為に神えの誓約を守り通す所存であります。期《ママ》〔斯〕くすることが義務であり、責任であり、伝道であると思って居ります。

但し神様から特別に伝道せよとの御命令がありますなれば、生命を捨てゝ御命令に従い試練に打を《ママ》〔ち〕勝つ決心であります。

隠れて伝道はいたしませぬ、神に背く事であり真の道でありませぬから、よって私の伝道は今度の検挙によりまして終ることとなりますが不成功とは思いませぬ。伝道者としての使命を完了したことゝ思って居ります。

私は生れつき人と争いを好まず、出来得る限り、凡《〔すべ〕》てを人に譲って人と問題を起した事は、ありませぬが、今回の事件は誠に忍びがたい所でありますが、信仰の根本問題でありますから、自分の信仰が間違って居ると悟るまで、信仰から離れることが出来ませぬ。

私の信仰行為が律法違反行為である以上、その法律により裁判を受けることは、当然の事でありますから、その判決に直ちに服する事が神に従うの道であり、神様のうけ入れ給うことと信じますから直ちに服罪する決心をして居ります。

寺尾喜七

【資料三】　豫審請求書

左記被告事件に付き豫審請求候也

昭和十七年六月四日

高知地方裁判所検事局

検事　　中島英一

高知地方裁判所

豫審判事御中

治安維持法違反　拘留

寺尾喜七

公訴事実

被告人は、高知県安芸郡川北村尋常小学校卒業後、農業に従事し後、日露戦役に従軍、帰還後、安芸郡安芸町に於いて木材商を営み現在に及びたるものにして、右帰還後人生に疑問を抱くに至り、煩悶中《ハンモンチュウ》偶々《タマタマ》明治四十一年頃森勝四郎より、基督教の教典たる旧新約聖書の解説を受けたる結果、之に共鳴し、明治四十二年二月頃洗礼を受けて、その信者となりたるものなる処、該教理たるや、旧約聖書及び新約聖書を以って、唯一至上の真理の聖典なりとし之に基づき、父なる神、子なる神、聖霊なる神の三つにして、一つなる所謂《イワユル》三位一体の神のみ、全智全能、唯一絶対の活ける神なりと断じ、人類はこの神を信じこの神の掟《オキテ》を厳守する事により、霊魂の救済を受け得べく、爾餘《じよ》の神の存在は、否定せらるべきものなる旨、教説し就中《ナカンズク》偶像崇拝の排撃を強調し畏くも我が国民の伝統的尊信の中心たる皇大神宮を初め奉り、一切の神社を目して霊なき単なる偶像に過ぎざれば、之を祭祀礼拝すべきに非ずと做す。神宮の尊厳を冒瀆すべき内容のものなる事を認識し乍《なが》ら、熱心なる信仰を続け、大正七年以来高知市内の町田方を教会所とし、自ら同教会の最高長老として、右教理の宣布並びに信者の獲得に努力いたしたる為漸次教勢拡大し、組識《ママ》〔組織〕も亦整備するに至りたるを以って、昭和十五年四月一日宗教団体法施行と同時に被告人を中心とする信者約六十名の集団たる教会を同法所定の教会として設立認可申請を為すに際し、組識《ママ》〔組織〕の強化を企画し、同市山田町一〇六番地、町田方なる同教会に於いて並村總七等と協議の上、神宮の尊厳を冒瀆すべき前記教理の流布を目的とする結社「高知耶蘇基督《イエスキリスト》之新約教会結社」の結成を遂げ、爾来《じらい》自ら該結社の主管者として、その活動を統括し来りたる上、昭和十六年五月十五日改正治安維持法施行後も、右結社の解散をなさず、依然その組織を持続し、その活動を主宰《シュサイ》したる外、同日より同年九月十二日に至る迄の間、従前の如く、長老並びに布教者として同教会その他安芸、静岡の各教会等に於いて約十回にわたり毎週日曜日午前及び午後二回の集会、毎週金曜日の祈祷会を司会し数十名の信者等に「ヨハネ伝」第三章「マタイ伝」第十三章同十六章等の教理の解説をなし以って神宮の尊厳を冒瀆すべき事項を流布する事を目的として、結社を組識《ママ》〔組織〕し、その指導者たる任務を従事したるものなり。

あとがき

二〇一五年十二月に名古屋で「ＰＭＰＭ＠ＮＡＧＯＹＡ２」という集会がありました。そこで村田貴志子さんにお会いし、図らずも森派の話題になりました。村田さんは森派の信仰を今に継承している岩崎誠哉氏の娘さんだったのです。私は森派の信仰の継承者がおられることを初めて知りました。

これを契機に岩崎氏との交流が始まり、二〇一六年三月に岩崎家を訪問して森勝四郎書簡など貴重な資料を見せていただきました。このとき、同行したのが東京基督教大学の卒業生でもあり、大阪大学から日本キリスト教史の研究で博士号を取得した川口葉子氏でした。

岩崎誠哉氏は、森派の伝道者として名古屋を中心に活動を続けておられ、これまで歴史を記すことをしてこなかった森派の歴史を後世に残したいと考えておられました。岩崎氏から、岩崎氏の奥様が原稿用紙六十枚に筆写した「寺尾喜七尋問調書」を託されたことが、本書執筆の企画の始まりでした。

私たちは、岩崎氏の願いを形にできたことで少しく安堵し、改めて岩崎誠哉氏に感謝を申し上げます。編集の労を取られた米本円香氏にも心よりの感謝を申し上げます。

二〇二〇年二月

山口陽一

＊　＊　＊

二〇一五年十二月に博士論文を提出してほどなく、山口先生から森派について調べてみないかと声を掛けられました。それまで森派については戦時下の弾圧を知るのみでしたが、調査を通して信仰者集団としての森派を知るにつれ、それをめぐる国家の諸相にもまた関心が向かっていきました。

調査では、森勝四郎からつながる信仰を大切に語り、今も生きようとする方々に出会いました。初めて森派の信仰者としてお会いした名古屋の岩崎誠哉氏からは、村田貴志子氏ご夫妻も交え、森派が生きてきた証言をうかがうことができました。森派の拠点であった高知では、寺尾喜七の孫にあたる松浦三七郎氏ご夫妻から、寺尾をはじめ森派の信仰者のお話を聞かせていただきました。また、日本基督教団安芸教会では、八束牧師（訪問当時）、教会員の西澤邦輔氏が、安芸教会の歴史における森派についてご教示くださり、教会に残された森派の貴重な資料を快く見せてくださいました。この場を借りて感謝申し上げます。

なお、本書は「森勝四郎と耶蘇基督之新約教会――『類似宗教』をめぐる宗教政策とその展開――」（『キリスト教史学』七三号、二〇一九年）に加筆・修正を加えたものです。

本書が、信仰者がこの時代を生きていくための何ほどかの手がかりとなれば幸いです。

川口葉子

二〇二〇年二月

著者

川口葉子（かわぐち・ようこ）

1986年石川県生まれ。

東北大学文学部、東京基督教大学神学部卒業、大阪大学大学院文学研究科博士後期課程単位取得満期退学。博士（文学）。文化庁宗務課研究補佐員を経て、現在、東京基督教大学国際宣教センター研究員。

山口陽一（やまぐち・よういち）

1958年群馬県生まれ。

東京基督教大学学長・教授。日本同盟基督教団と日本基督教団の牧師、東京基督神学校校長、東京基督教大学大学院委員長を経て現職。専門は日本キリスト教史、実践神学。

カイロスブックス5

知られなかった信仰者たち

耶蘇基督之新約教会への弾圧と寺尾喜七「尋問調書」

2020年3月1日　発行

著　者　川口葉子
　　　　山口陽一
装　丁　桂川　潤
印刷製本　シナノ印刷株式会社
発　行　いのちのことば社
〒164-0001 東京都中野区中野2-1-5
電話 03-5341-6923（編集）
03-5341-6920（営業）
FAX03-5341-6921
e-mail:support@wlpm.or.jp
http://www.wlpm.or.jp/

ISBN978-4-264-04145-0